香港非物質文化遺產系列

香港潮人
盂蘭勝會

長春社文化古蹟資源中心　編製

目錄

序言

主筆序

黃競聰博士

2008 年筆者加入長春社文化古蹟資源中心（以下簡稱：CACHe），自此與香港潮人盂蘭勝會結下不解之緣。CACHe 會址位於西營盤，這社區在全盛時期同時有三個潮人組織舉行盂蘭勝會，分別是佛教三角碼頭街坊盂蘭勝會、西區正街水陸坊眾潮僑盂蘭勝會和東邊街渣甸橋街坊盂蘭勝會。每年農曆七月，筆者趁機考察這三個盂蘭場，原意是收集西營盤地區故事，久而久之對香港潮人盂蘭勝會產生興趣，進而考察香港各區盂蘭勝會。2011 年香港潮人盂蘭勝會成為第三批國家級非物質文化遺產，本應是歡天喜地之大事，但細問各區盂蘭會籌備者，大多對前景感到悲觀。

2014 年，筆者收到東邊街渣甸橋街坊盂蘭勝會通知，由於人手不足，決定停辦，並把所有該會盂蘭祭祀用具一併捐給本中心。當時筆者心情難以形容，一方面感謝該盂蘭會的信任，另一方面 CACHe 接受這批盂蘭祭祀用具意味着他們不會再辦盂蘭勝會。翌年，西區正街水陸坊眾潮僑盂蘭勝會也宣告停辦，筆者隨即帶領同僚趕緊記錄該盂蘭會的口述歷史。短短數年間，單是西營盤區，CACHe 已接收了東邊街渣甸橋街坊盂蘭勝會、西區正街水陸坊眾潮僑盂蘭勝會和常豐里老福德宮聯誼會的祭祀用具，使筆者意識到記錄香港潮人盂蘭勝會的急切性。

2015 年，香港潮屬社團總會首次籌辦香港盂蘭文化節，旨在推廣香港盂蘭勝會，CACHe 有幸成為協辦單位，亦給予筆者更多機會接觸香港不同地區盂蘭勝會，思考如何保育香港潮人盂蘭勝會。2019 年非物質文化遺產辦事處推出「伙伴合作項目」，CACHe 獲香港潮屬社團總會的支持，成功申請撰寫《香港潮人盂蘭勝會》專書。惟專書撰寫期間，正值疫情肆虐，香港史無前例頒行限聚令，不少盂蘭會紛紛暫停舉辦，使研究進度大受阻延。猶幸筆者獲各方前輩和好友的協助，並得到各區盂蘭會鼎力襄助，無私提供寶貴的盂蘭文獻資料和相關知識經驗。

感謝馬介璋博士、蕭國健教授和胡炎松先生賜序。此書之研究成果，胡炎松先生出力最多，很難得在研究路途上遇到這位有心人，給予我無限的支持。胡先生一直以保育香港潮人文化為己任，身體力行，走入社區，進行盂蘭研究和推廣，我從他身上學習到不少香港潮州文化知識。最後，本人衷心感謝研究及撰文助理許美娥小姐，在撰寫過程中，與她並肩作戰，克服了一重又一重難關。如今終付梓成書，她的默默耕耘絕對值得肯定。

序言

黎穎詩博士

長春社文化古蹟資源中心主席

長春社文化古蹟資源中心（CACHe）是非牟利的保育團體，過往一直積極提倡保育歷史及文化。剛巧會址所在的西營盤社區見證香港自開埠以來的歷史，擁有豐富的文化遺產，其中一項在區內傳承已久的傳統風俗正是本專書主角：香港潮人盂蘭勝會。CACHe過往積極、持續地考察和記錄這些盂蘭歷史和故事，更曾舉辦過相關題目的講座、導賞團、工作坊等活動，期望透過不同活動方式引起關注，提高大眾對保育身邊事物的意識。

面對時代發展的挑戰，各區盂蘭勝會面臨重大傳承挑戰，同事亦親身經歷西營盤區內盂蘭團體相繼停辦的傷感，向大眾推廣及教育的工作更為迫切。CACHe有幸得到盂蘭團體的信任，接收其盂蘭相關祭祀用具，該些重要民間文獻與文物亦成為CACHe檔案庫的重要部份。我們深信這些檔案是歷史的存根，這些日常舊物所盛載的記憶和重量不容看輕。

2015年，香港潮屬社團總會首次籌辦香港盂蘭文化節，CACHe亦有幸成為協辦單位，旨在用新穎有趣的方式向大眾推廣香港盂蘭勝會。

CACHe於2019年更獲香港潮屬社團總會支持，成功申請非物質文化遺產辦事處「伙伴合作項目」，能夠出版《香港潮人盂蘭勝會》專書。以歷史脈絡記載潮人盂蘭勝會在香港的前世今生，同時引用文獻、田野考察記錄、相片、訪問等分析潮人盂蘭勝會的籌組、發展、運作模式、流程、意義等，補完了過去的研究，亦還原了盂蘭勝會的真實面貌。

這次我們能夠與眾多盂蘭團體一同述說香港潮人盂蘭勝會故事，並成功籌備出版專書，實在有賴各區盂蘭團體、受訪者的參與和支持。同時由衷感謝香港潮屬社團總會鼎力襄助和提供協助，方能令出版順利進行。最後期望此書作為項目成果的同時，也能把香港潮人盂蘭勝會獨特的故事記錄並傳承下去。

序言

馬介璋博士
SBS BBS

香港潮屬社團總會盂蘭勝會保育工作委員會主席

中華文化素來重視孝道，敬長愛親更是我國優良傳統。香港一地的潮籍人士每年舉辦多項活動，鼓勵子孫對長輩表示孝意，尤以每年農曆七月，各區潮屬單位多舉辦盂蘭勝會，潮籍人士籌辦及參與勝會，以向先賢表示「崇孝報本」的心意，並弘揚中國文化重孝道及敬親的美德。其實，若果考究源流，盂蘭節不僅在中國有過千年的歷史，世界各地也有類似的節日，如西方的萬聖節、泰國的鬼節、墨西哥的幼靈節和成靈節、印尼的趕鬼節等。而在儒家文化圈的東亞地區，經過唐代文化交流的傳播，日本與韓國均有自己的盂蘭節日。韓國稱盂蘭節作百種節，旨在慶祝豐收；而日本的盂蘭節，則有所謂「盆舞」。兩地的盂蘭節仍然每年在全國各地舉辦，至今不衰。

雖然香港盂蘭勝會源自本地潮汕人士的傳統，但隨着社會變遷，其文化意義早已跨越特定的階層，儼然成為整個香港文化的核心部份。2011 年，潮人盂蘭勝會入選第三批國家非物質文化遺產以來，總會作為該項目的保育單位，一直重視盂蘭勝會的傳承推廣工作，旨在將內涵豐富的潮汕文化習俗融入本港社區，把慈善及孝親的美德傳遞給大眾。

我們非常重視年青人的傳承工作，在推廣盂蘭文化的同時引入多元的創新科技元素。例如使用人工智能 VR 眼鏡推廣盂蘭文化及開創一系列的文創產品，務求使盂蘭文化和西方萬聖節、日本盂蘭盆節精靈船一樣，成為青年人的文化潮流，令盂蘭文化的精神代代傳承，生生不息。

是次專書的研究和出版，蒐集了大量舊照片、文獻和口述歷史，讓市民大眾更進一步認識盂蘭節的意義，引起他們的關注，從而投入、參與其中，讓這個具有深厚歷史文化底蘊的風俗，能夠世代相傳。希望本次專書的出版，對繼承潮人傳統和弘揚中國文化，能有尺寸之功。

序言

蕭國健教授

孟蘭一詞譯自梵文 Ullambana，意為「救倒懸」，即救度亡魂倒懸之苦。相傳陰司地府在七月初一大開鬼門關，直到七月三十日才關閉，七月十四日佛教定為「孟蘭盆會」，道教稱為「中元普渡」，香港稱為孟蘭節、中元節或鬼節。其間，居民會在街上燒金銀衣紙，祭品如豆腐、芽菜、白飯等，令孤魂有衣有食。

1950 年代，從中國來香港聚居之潮汕及鶴佬籍移民，將家鄉流行之風俗帶來香港，每年農曆七月，舉辦酬神禳鬼活動，以聯繫同鄉感情、紀念祖先及超渡地方上之孤魂野鬼。該活動歷時一個月，稱「孟蘭勝會」，至今已有百多年歷史。現時，香港島、九龍及新界各區皆有舉辦。2011 年以「香港潮人孟蘭勝會」名義，且獲列入第三批國家級非物質文化遺產名錄。

孟蘭勝會之主要活動為祭祀祖先及孤魂野鬼，潮州人採用佛教儀式，而廣府人和海陸豐人採用道教儀式。活動包括燒街衣祭鬼，演神功戲作酬謝神恩，大眾同樂，娛神娛人。派平安米為孟蘭節之傳統，一般相信，食過平安米，闔家皆平安。福物競投為將奉神福品作公開競投，人們相信福品能保家宅平安，生意興隆，而組織亦可藉此籌辦會務經費。

競聰博士對香港歷史研究甚力，對香港新界華人傳統風俗文化、及民間信仰有深入探索。近將香港潮人孟蘭勝會傳統風俗、習慣與信仰輯集成書，題為《香港潮人孟蘭勝會》囑余為序。余以其書內容豐富，對該傳統風俗、習慣及信仰各項問題，解說甚為詳盡，故特作推薦。

二〇二二年仲冬月蕭國健於顯朝書室

序言

胡炎松先生

香港潮屬社團總會盂蘭勝會保育工作委員會副主席
盂蘭文化節總統籌
西貢區盂蘭勝會總理

筆者自幼在西貢鄉郊長大，鄉郊地區偏離市區，生活環境較為平淡，同鄉鄰里日常多忙於生計，大家能走在一起也非易事，可是每到農曆七月舉辦盂蘭勝會期間，同鄉鄰里不論大人和小孩都積極參與這項西貢潮人盛事。因此，童年回憶最易勾起盂蘭熱鬧情景：盂蘭場地各人總是忙個不停，職責看似分明，運作依賴自由分工。會場內，有人換茶懸壺沖泡迎賓客；有人收款提筆舔墨寫收條；有人抬起大包白米入竹棚；有人執筷拿碗食粥夾雜鹹；有人高呼老大，快去經棚上香請菩薩；有人擺設神廠福品走馬燈，還有八仙糖方肚。另一邊場景：善信前來必到神廠上香，祈求生活平安順；婦女誠心做粿焚香禱願，煙霧升華現祥雲；經棚聲樂奏，戲棚鑼鼓隨即響，此起彼落遍布會場每角落；場地人往來，攤販擺賣場興旺，小童嬉鬧袍棚戲台被追趕。

昔日盂蘭熱鬧情景，當中參與的「人」和「物」，始終會隨着時間過去而逐漸消失。因此，有必要將相關資料記錄保存，向當年參與籌辦社區盂蘭勝會的負責人進行口述歷史訪問，以及調查具有歷史性的器具物件等。人物口述訪問，有助瞭解昔日社區盂蘭勝會變遷實況，但調查工作必須與時間競賽，因早年參與籌辦盂蘭勝會的負責人，大多數年事已高。近幾年已經有多位年屆 80 至90 多歲，曾在社區長期參與籌辦盂蘭勝會的首長相繼離世。在2015 年有「九龍城潮僑街坊盂蘭勝會」的柯木森先生，2016 年有「長沙灣潮籍盂蘭勝會」的鄭碧木先生。特別在新冠肺炎疫情期間離世的盂蘭團體首長有：在 2020 年期間分別有「潮州公和堂聯誼會盂蘭勝會」的鄭翔奮先生、「紅磡三約潮僑街坊盂蘭勝會」的劉建海先生，以及「觀塘潮僑工商界盂蘭勝會」的方漢永先生（又名方壯遂），在 2021 年有「東頭村盂蘭勝會」的莊沛先生（又名莊榮旋）。他們長期貢獻社區潮人盂蘭勝會的籌辦和傳承工作，是潮人盂蘭勝會在社區演變的見證，筆者也曾向這幾位前輩討教，對於他們的離去確實深感婉惜。

此外，對於在社區盂蘭勝會具有歷史價值的盂蘭器具和物件的保存情況，早年成立的盂蘭團體，往往因經歷會址搬遷或會址裝修或人事更替等原因，以往拍攝舊照、捐款簿冊、往來函件、採購單據等，特別是一些過期的簿冊文件，普遍認為沒有保留必要而丟棄。而器具方面，由於是每屆盂蘭勝會的固定擺設，所以較容易保存下來。例如：東頭邨盂蘭勝會，仍然保留一對於1968年香港製造，放置於神廠的錫鑄酒壺和銅製燭台，以及1971年以手工製作的潮州珠片凸繡。深井潮僑街坊盂蘭勝會，仍然保留第一屆盂蘭勝會由生力啤酒廠送贈於1950年銅製的天地爐。「觀塘潮聯工商聯誼會屬下股東會員司機盂蘭勝會」，便保留第一屆放置於神廠於1970年製造的爵杯和燭台，以及「潮聯小巴公司車主司機屬下盂蘭勝會」仍保留1975年第一屆的神裙刺繡。至於西貢區盂蘭勝會便保留一對在1960年代製作的木製走馬宮燈，該對六角型兩層宮燈，高約18吋，木框架周圍鏤空雕花，六角柱實木龍頭雕刻，兩層燈壁配上傳統燒製彩繪玻璃，圖案以山景花草「山水福地」為主題。此外，筆者將先父遺留有關昔日「西貢區潮僑街坊盂蘭勝會」部份簿冊、函件、單據，當中包括1979年西貢區（第25屆）潮僑街坊盂蘭勝會「蠔涌區捐款簿」、1988年西貢區（第34屆）潮僑街坊盂蘭勝會「捐款收據簿」、1980年西貢區（第26屆）潮僑街坊盂蘭勝會「請柬」等，在2018年捐贈給香港歷史博物館以作保存。

潮人盂蘭勝會祭祀形式，在別人的好奇和想像力之下，視為喧囂迷信陋習，卻忽略背後的思想觀和涵蓋孝親敬祖、施孤濟貧、互助自勉的人文精神。自2011年香港潮人盂蘭勝會成功列入國家級非物質文化遺產名錄，公眾對潮人盂蘭勝會得以重新認知和重視。始終有助瞭解盂蘭勝會的歷史文獻和書籍不多，今次潮人盂蘭勝會項目能夠獲得非物質文化遺產辦事處的資助計劃，進行項目研究調查並編輯為盂蘭專刊，將有助成為向普羅大眾傳播和灌輸正確盂蘭文化知識的重要書籍。

第一章

中國傳統之盂蘭勝會

盂蘭勝會起源眾說紛紜，佛、道兩家各有說法。道教以農曆七月
十五日為中元節，源自該教的「三官」說。民間傳說七月鬼門關
大開，無主孤魂到陽間接受施食，除了民間會在這天祭祀祖先，
並有「燒衣」儀式，超渡孤魂野鬼，避免在陽間作亂。這一個月，
香港各區依俗舉行盂蘭勝會，超渡亡靈。不同族群會按照自身的
傳統，舉行祭幽活動，常見有廣府、水上人、海陸豐和潮州四大
傳統。盂蘭勝會的功能也配合社會和時代需要，從「供僧」慢慢
轉化為普渡地區孤魂。本章節嘗試整理盂蘭勝會由來，以文獻回
顧中國各地區的盂蘭勝會，探索中國盂蘭文化的盛況。

第一節　盂蘭勝會之起源

盂蘭源於梵文 Ullambana，漢語音譯為「烏藍婆拏」，逐漸演變
為「盂蘭盆」。盂蘭盆原本意思為「解倒懸」。人生前作惡貪心，
死後便變成餓鬼。餓鬼「口噴烈火，咽喉如針」，任何食物放進
嘴邊，均化為灰燼，飽受飢餓之苦，導致「血肉枯槁，腹脹如山」，
狀似處以倒懸之刑。盂蘭法事正是解開倒懸之苦。此外，後世用
漢字邏輯理解「盂蘭盆」，誤以為「盆」就是盂蘭法事盛載祭品
的盆。「盆」實質解作「救器」，這明顯是音譯之誤[1]。按印度
佛教傳統，僧人出外化緣，接受信眾布施飲食供養。僧人為答謝
信眾善舉，便會誦經祝福，目的是把功德「迴向」給信眾，或者
超渡他們已離世的親人。

佛教傳入中國，經過漢化的洗禮，其內涵不斷豐富，後來加入儒
家孝道思想之「目連救母」的故事，使民間盂蘭勝會更為盛大。
據說佛祖有弟子名叫目犍連，簡稱目連，外號「神通第一」，具
有上天遁地之能。目連的母親生前貪心吝嗇，死後下墜餓鬼道，
淪為餓鬼。他不忍見她慘受倒懸掛之苦，運用神通直達餓鬼道，
探望母親。目連憑藉法力變出食物，餵食母親，怎料食物一放進
其母嘴邊，盡化灰燼，火燒喉嚨，狀甚痛苦。目連自知無能為力，

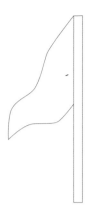

遂請求佛祖開示。佛祖對目連孝心深受感動，教他在農曆七月十五日「僧恣日」，備飯百味五果，放在盆中，供養十方大德僧人。結果，集合僧人功德，誦經超渡，終助目連之母脫離餓鬼道，不再受餓鬼的苦報。[2]

值得注意的是，農曆七月十五日是佛教具有神聖意義的日子。自農曆四月十五日至七月十五日期間，僧人規定在寺院閉關修行，這段三個月閉關時間為「結夏安居」。迄至農曆七月十五日，僧人修行圓滿，可以解禁外出，這天稱為「解夏」。佛祖歡喜弟子恪守佛規，精進修行，故又稱「佛歡喜日」。假若佛教弟子閉關期間，修行未有寸進，僧人須在這天自我檢討，誠心向佛祖懺悔，此日稱為「僧恣日」。有學者指出，由於盂蘭節與中元節的日子相近，導致兩者逐漸成為混合為一的祭幽活動[3]。按道教的說法，農曆七月十五日為中元節，源自道教的「三官」說。三官者，天官、地官和水官也。三官各有職責；天官賜福，地官赦罪，水官解厄。三元節是三官的誕辰。正月十五日為上元節，七月十五日為中元節，十月十五日為下元節。中元節本為地官赦罪之日，大意指每年農曆七月十五日，地官負責審核凡人功過，如這天舉行醮會，可赦免亡魂的罪惡。

[1] 鄧家宙：〈說佛教盂蘭法會儀式〉，載《風俗演義》（香港：長春社文化古蹟資源中心，2012 年），頁 16。
[2] 竺法護：〈佛說盂蘭盆經〉，《大正新修大藏經》，頁 779。
[3] 蕭登福：《道教與佛教》（臺灣：東大圖書館有限公司，2009 年），頁 284-313。

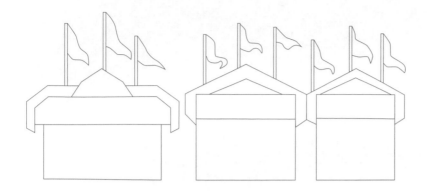

第二節　歷史文獻中的廣東地區盂蘭勝會

最早有史書記載之佛教盂蘭盆會，可以追溯《佛祖統紀》卷三十七載：「大同四年，帝幸同泰寺設盂蘭盆齋。」梁武帝篤信佛教，供僧於宮廷，並禮請僧侶於農曆七月十五日舉行盂蘭盆會，祈求風調雨順，國泰民安[4]。迄至唐代，皇宮廣為流行舉辦盂蘭盆會，並於農曆七月十五日由皇室成員獻供寺僧，民間也逐漸仿效皇室到各寺獻供僧人[5]。宋代期間，「目連救母」故事早已深入民間，適時儒、釋、道三教合流，佛教盂蘭盆會逐漸與道教中元節和儒家祭祀祖先等活動融合，逐漸演變成超渡法事。

明清時期，各地的盂蘭勝會徹底淡化了「供僧」的功能，轉而着重祭祀祖先，超渡孤魂野鬼為主軸。屈大均《廣東新語》云：「（七月）十四祭先祠屬為盂蘭。」[6] 若論盂蘭會之盛況記述，還看潘榮陛《帝京歲時紀勝》：[7]

> 中元祭掃，尤勝清明……庵觀寺院，設盂蘭會，傳為目連僧救母日也。街巷搭苫高台、鬼王棚座，看演經文，施放焰口，以濟孤魂。錦紙扎糊法船，長至七八十尺者，臨池焚化。點燃河燈，謂以慈航普渡。如清明儀，舁請都城隍像出巡，祭厲鬼。

值得注意的是，廣東不少地區改在農曆七月十四日為「盂蘭會」，如《新安縣志》云：「十四日，為盂蘭會，化衣以祀其先者，必宰鴨為敬云。」[8] 有一說法源自《歸善縣志》云：「舊俗惠民多居南雄，因元兵將至，於十四日預薦祖，次日避兵。故今猶以是日為中元節，家備酒餚，薦楮衣，祀先祖。」[9] 所謂「千里不同風，百里不同俗」，盂蘭混合風土，形成各地不同盂蘭文化。即使廣州府轄下各縣的盂蘭會都各有特色，儀式和祭品也有差異。開埠前，香港地屬新安縣，當地盂蘭會習慣以鴨為祭品，有說鴨與「厄」同音，喻意帶走厄運。

［香港非物質文化遺產系列：香港潮人盂蘭勝會］

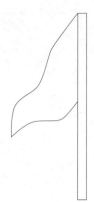

[4]　（宋）釋志磐：《佛祖統紀》卷 37。

[5]　（唐）釋道世：《法苑珠林》卷 32。

[6]　屈大均：《廣東新語》，（香港：中華書局，1985 年）。

[7]　（清）潘榮陛：《帝京歲時紀勝》，（中國：北京出版社，2001 年第二版），頁 26-28。

[8]　（清）舒懋官（修），王崇熙（纂）：《新安縣志》（嘉慶），卷 2，〈輿地略〉，「風俗」條。

[9]　（清）章壽彭撰：《歸善縣志》（乾隆），卷 15，〈風俗〉。

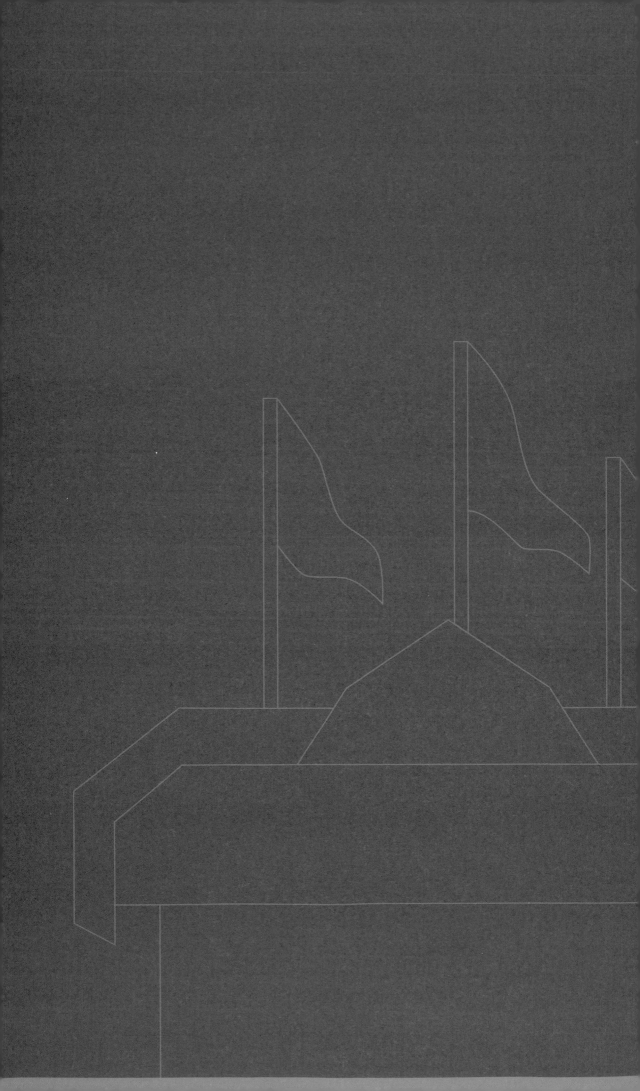

第二章

回溯百年：香港潮人盂蘭勝會

第一節　潮汕地區的盂蘭勝會

每年農曆七月，潮汕地區舉辦盂蘭勝會，當地人稱為「鬼節」、「七月半」、「施孤」或「普渡」。清代以前，潮汕地區寺院在農曆七月十五日啟建盂蘭盆會，其後當地人改為禮聘寺院僧人在地區舉行。到了清中葉以後，潮汕地區災患連連，各地紛紛成立善社、善堂和佛教居士林，除參與慈善救濟工作外，更組織善堂經師團，主持盂蘭法會。舉辦日子不再局限於農曆七月十五日，而是橫跨整個農曆七月都有盂蘭法會[10]。 二次大戰以後，大量潮汕人士陸續遷移本港，潮人盂蘭勝會的習俗亦移入本土，因應時代和資源不同，兩地盂蘭勝會也有差異。

內容	《廣東風俗綴錄》記錄民國時期潮汕地區盂蘭概況[11]	香港潮人盂蘭勝會[12]
紮作	祭壇右邊安放一位身長丈餘、青面獠牙的鬼使。頭戴黑金紙造方帽，正面寫有「一見大吉」四個白字，手執施食牌，腰間插有大葵扇。	大士王紙紮可以有兩至三層樓高，頭戴冠帽，額前有觀音像，青面獠牙，雙腳直立，右手微微抬起，左手高舉印有「喃嘸阿彌陀佛」經文。
	鬼使的兩旁站着牛頭和馬面，聽候鬼使的差遣。牛頭和馬面的身材大約比鬼使矮五份之四，牛頭手執鐵鎖，馬面提着鐵鏈。	大士臺供奉了大士爺，並懸掛幢旛，大士爺旁多數為判官，行內稱為坐人。
儀式	盂蘭盆會第一天有「請香茶水」的儀式，是由本地的「同身」率領大鑼鼓隊和各善堂的誠心弟子先自出遊一周，然後到所預定的地點取香茶水歸來奉佛。[13]	第一天為請神儀式，大會安排請神隊伍從會場出發，前往區內廟宇請出香火，最後返回會場。
	盂蘭盆會第三天的上午依舊會讀經，下午將近黃昏時就會由本地的長老執引魂旛到溪流或湖畔放水燈，以招孤魂。待孤魂齊集後，三更時分就會進行為餓鬼施食的儀式，即「放焰口」。	盂蘭勝會第三天會舉行放焰口儀式，通常在中午時份舉行。

香港潮人盂蘭勝會供奉大士王，相信其能看管法會場地。圖為
2013 年慈雲山潮僑盂蘭勝會的大士臺。

從上述列表可見，第一天兩地都有請神儀式，唯一不同的是，民
國時期潮州「乩童」傳統十分盛行，儀式隊伍亦由「乩童」帶領。
至於香港「乩童」傳統已近式微，請神儀式也偏向世俗化，部份
盂蘭會甚至乘坐汽車前往廟宇請神。此外，第三天儀式均進行放
燄口儀式，兩地時間略有不同。民國時期，潮汕地區放焰口儀式
是在晚上舉行，反觀香港因官方場地根本不容許晚上 11 時以後發
出噪音，加上配合緊接派米活動，今天香港潮人盂蘭勝會的放焰
口儀式大都是在下午舉行。

[10] 鄭羣輝：《潮汕佛教研究》（中國：暨南大學出版社，2015 年），頁 194-197。
[11] 周康燮：《廣東風俗綴錄》（香港：崇文書店，1972 年），頁 453。
[12] 香港潮州公和堂盂蘭勝會考察，2013 年 8 月 28 日。
[13] 「同身」應為乩童，意指神靈上身之意，特別香港的潮汕、海陸豐民間信仰中最常出現。

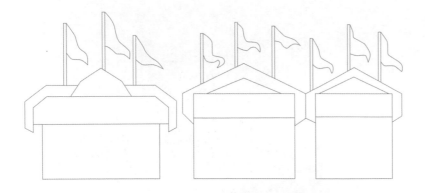

第二節　香港開埠至十九世紀末的
　　　　盂蘭勝會

盂蘭文化歷史源遠流長，然而盂蘭風俗從何時傳入香港，則沒有詳細文獻記載，至今尚未有確實最早出現的日期。

四環盂蘭勝會 [14]

香港開埠初期，港府奉行宗教自由，絕少干涉華人生活習慣，所以大部份的香港華人仍維持原有的民間信仰習俗，與內地沒有太大差異。現存記載香港早期香港盂蘭勝會資料非常稀少，只能散見於舊照片、碑刻、牌匾、民間文獻和報章等。林國輝〈從歷史資料重構 1868 年香港四環盂蘭勝會〉一文嘗試整理相關文獻檔案，在互相校勘下勾勒出 1868 年四環盂蘭勝會的盛況。過去學者相信香港最早的盂蘭組織為四環盂蘭公所，成立於 1857 年，會址是上環文武廟公所。然而，林國輝引用《德臣西報》（The China Mail），指出早在 1852 年農曆七月，東角市場（East Point Bazaar）已搭建竹棚，有神功戲表演活動 [15]。由此可見，早在 1850 年代，香港島最少兩處地方在農曆七月舉辦盂蘭勝會。

1856 年《德臣西報》詳細報導農曆七月西角祭幽的盛況。報載西營盤（West Point）搭建大型竹棚（Dragon Hall），主醮棚佈置講究，外部掛滿大量吊飾，並佈置十殿閻王等紮作裝飾。主醮棚旁搭建戲棚，禮聘粵劇戲班，表演粵劇神功戲。此外，內文提到請神巡遊儀式陣容非常龐大，不少華人富商都參與其中；並由儀式專家主理法事，超渡無主孤魂。據說此次大型盂蘭醮會開支高達十萬元，費用由當地華人捐助，無論巡遊隊伍、粵劇戲班和醮棚擺設均來自佛山 [16]。雖然文中沒有提到是哪種宗教活動，但是從報導日期和內容推敲，可以大膽推斷是盂蘭勝會。從湯姆遜（John Thomson）約攝於 1868 年荷李活道與樓梯街交界的照片中，今文

文武廟公所曾為四環盂蘭勝會的辦事處。

武廟公所外掛有「四環盂蘭公所」牌匾，其外牆張貼告示，公佈建醮日期和活動內容：

> 謹詹七月十四日啟壇建醮，五晝連宵，水陸超幽，至十五、六、七連日，恭迓列聖巡遊，並賀中元大帝千秋；及善信誠心喜認金龍彩鳳頂馬，隨鑾故事者，祈為早日標明。神人共慶，福有攸歸！

> 肅此預聞

> 四環盂蘭值事啟

從四環盂蘭公所告示可知，籌募經費方法除了善信捐款外，更邀請商家善信認捐請神巡遊的「金龍」、「彩鳳」和「頂馬」等。1868 年 9 月 8 日《上海新報》報導，各商戶踴躍捐款，支持籌辦四環盂蘭勝會。原文節錄如下：

[14] 1857 年四環盂蘭勝會，所指的四環分別是太平山、西營盤、上環和中環四區的街坊。

[15] 林國輝：〈從歷史資料重構 1868 年香港四環盂蘭勝會〉，載《田野與文獻：華南研究資料中心通訊》第 95 期（香港：香港科技大學華南研究中心，2019 年），頁 13-23。

[16] 周樹佳：《鬼月鈎沉：中元、盂蘭、餓鬼節》（香港：中華書局，2015 年），頁 28、44-45。

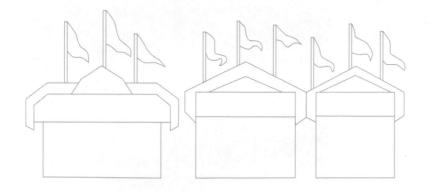

本港盂蘭勝會，歷年以來各客商隨力捐助，甚為踴躍，而南北行及各商戶議於前廿六日繳呈矣。聞開繳公同閱覽之餘，以福茂隆行為第一⋯青樓中以德香堂為第一⋯合共捐得銀一萬五千餘員，計在公所繳緣部之日，共繳得吉緣部五十餘本。[17]

四環盂蘭勝會的支持者大多是上環、太平山、西營盤和下環商戶，當中包括水坑口一帶的青樓。籌集善款方式與今天無異，支持盂蘭商戶各持緣簿，方便就近街坊善信捐款。緣簿數量多達50餘本，籌得善款共達15,000餘元，其中捐款位列前茅的商戶均為從事貿易生意的商行。然而，有不法之徒冒認四環盂蘭值理，騙取善信的善款，大會遂張貼告示提醒善信。這種行騙手法始終不能徹底杜絕，而且愈見猖獗，後來索性改為在文武廟收集善款。[18]

1868年9月號《The China Magazine》(No.15, Vol. 2) 刊載的一張照片，顯示當年四環盂蘭勝會的規模之盛大，醮棚位於上環水坑口空地，聖士提反教堂 (St. Stephen's Church) 的後方。由於竹棚易遭祝融之禍，醮棚又鄰近民居和教堂，為防火災特意在醮棚旁設有水車。報載，1868年四環盂蘭公所舉行五晝連宵盂蘭勝會，於中元節下午進行請神出巡，隊伍由文武廟出發，整個巡遊活動直到下午5時結束[19]。外國人對這種傳統祭幽活動並不支持，認為盂蘭勝會引來大量華人聚集。縱使西方社會都有類似大型活動，也不像香港盂蘭勝會這樣「喧囂」，徹底影響他們的日常生活。更有輿論指，籌辦盂蘭勝會勞民傷財，浪費金錢，並非慈善活動。如果盂蘭勝會經費用在興建醫院和義塚，反而使社會大眾受惠。[20]

上環文武廟宇存有不少四環盂蘭勝會捐贈的香爐、高腳牌和牌匾，可見四環盂蘭公所與上環文武廟關係密切。現存歷史最悠久的要算是1872年「四環盂蘭會值事等敬酧」的香爐和四塊刻有「肅

除了四約中元勝會值理「義重如山」牌匾之外，1894 年文武廟重修碑記見有五環醮務當年總理值理值事。

靜迴避」和「污穢勿近」的高腳牌。1882 年，香港四環中元值理等敬送香爐，並刻有 30 多個商戶名稱。至於牌匾方面，1893 年，四約中元勝會值理贈送「義重如山」牌匾，支持商戶也增加至 47 個 [21]。值得注意的是，廟內有一塊《重修香港文武二帝廟堂碑記》，刻有「東華醫院五環醮務當年總理協理、值理」，這與四環盂蘭勝會是否相同組織則有待考證。

早期港府有意採用華洋分治的政策，華人與外國人各自聚居在不同地區，由於風俗生活習慣各有不同，雙方鮮有機會互相交流，彼此關係疏離，遑論認識雙方宗教節日活動，證諸西方報章對香港盂蘭勝會的文字描述便可見一斑。事實上，英國政府派駐少數官員和軍隊，管理華人佔絕大多數的地方。港府對華人的風俗活動採取自由放任的態度，某程度上屬於「零成本」的懷柔手段，視此為可以安撫華人的措施，使得盂蘭勝會等傳統文化和風俗可以繼續在港流傳。除非若干風俗活動引伸至衛生或治安等社會問題，方會迅速禁止或規管，以免造成社會動盪，威脅到港府的管

[17] 楊文信、黃毓棟等編：《香江舊聞：十九世紀香港人的生活點滴》（香港：中華書局，2014 年），頁 35-39。

[18] 〈文武廟告白〉，《華字日報》，1905 年 7 月 20 日。

[19] 林國輝：〈從歷史資料重構 1868 年香港四環盂蘭勝會〉，《田野與文獻：華南研究資料中心通訊》第 95 期（香港：香港科技大學華南研究中心，2019 年），頁 13-23。

[20] 1871 年 10 月 5 日《上海新報》轉載《中外新報》，見楊文信、黃毓棟等編：《香江舊聞：十九世紀香港人的生活點滴》（香港：中華書局，2014 年），頁 40-41。

[21] 該等文物存放於上環文武廟。

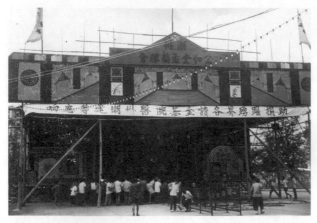

潮州公和堂盂蘭勝會始於 1897 年，是香港歷史最悠久的潮人
盂蘭勝會。圖為 1974 年潮州公和堂盂蘭勝會。

治。隨着香港人口不斷增加，華人熱衷參加民間信仰活動，帶來
了不少社會問題。政府遂於 1886 年通過《宗教儀式及節慶條例》
(The Religious Ceremonies and Festivals Ordinance)，加強規管華
人祭祀活動。

第三節　二十世紀香港盂蘭勝會之發展

自鴉片戰爭開始，中國「天朝大國」的地位不斷下降，不少知識
份子和官員相信文化落後源自社會風氣敗壞，改良社會風氣先從
改革風俗入手。辛亥革命以後，內地政局動盪，軍閥橫行，社會
精英等相信全盤西化是邁向現代中國的新出路，並深刻反思中國
傳統文化的價值。他們認為很多傳統風俗習慣是腐化人心的惡俗，
故需要大刀闊斧掃除迷信，移風易俗是他們的任務。1909 年，中
國改良會派發傳單，呼籲禁絕中元燒衣，認為此等陋習勞民傷財，
有礙環境衛生，喧擾大眾市民生活[22]。反觀香港在英國的殖民管
治下，社會風氣相對開放，香港政府亦尊重華人風俗，甚至通過
管理這些傳統風俗活動，轉化為支援地區慈善活動的經費。

保良局歷史博物館的館藏存有二戰前的《保良局徵信錄》，記錄
了盂蘭組織義捐資料。保良局創辦初期，營運資金不足，第二代
普仁街局址落成後，政府諭令各區神誕和醮會負責單位，捐助
籌備總款百份之二十作局方經費，代替領取演神功戲執照的行政
費[23]。按 1904 年至 1941 年保良局盂蘭義捐記錄，1928 年是戰
前義捐數目最高的一年，也是最多組織義捐的一年，共有 14 個組
織[24]。單憑組織名稱而言，大部份盂蘭組織帶有地緣性，分佈於
維多利亞城[25]，其中文武廟盂蘭誕最為盛大，其次是石塘咀盂蘭
會。至於九龍半島則有紅磡、土瓜灣和油麻地等地區舉辦的盂蘭
勝會，紅磡街坊盂蘭的規模也不小，籌辦者為紅磡三約街坊會的

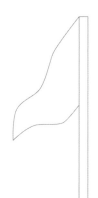

前身。此外，有些盂蘭組織帶有職業性質，如：打石盂蘭誕、梁
德富貨艇盂蘭會和梁根艇盂蘭會等，可見當時從事打石業和貨艇
業的工人都會舉辦盂蘭勝會。

1928 年香港盂蘭勝會義捐保良局記錄：[26]

組織名稱	捐款數字
石塘咀盂蘭會	252 元
文武廟盂蘭誕	559.77 元
灣仔盂蘭會	80 元
紅磡街坊盂蘭誕	100 元
打石盂蘭誕	50 元
土瓜灣園角盂蘭會	28 元
海陸豐盂蘭誕	22 元
渣甸糖局工人盂蘭會	32 元
銅鑼灣威菲路盂蘭誕	24 元
金升艇盂蘭會	15 元
油麻地天后誕盂蘭誕	56.78 元
梁德富貨艇盂蘭會	17 元
梁根艇盂蘭會	7 元
福建幫土瑞駒盂蘭會	8 元
總數	1251.55 元

[22] 1909 年 8 月 12 日「改良會正告各界停止中元燒衣」《香港華字日報，廣東新聞》，見蔡志祥、韋錦新、
潘淑華（編）：《「迷信話語」報章與清末民初的移風變俗》（香港：香港科技大學華南研究中心，
2013 年），頁 12-13。

[23] 黃競聰：《拾遺城西：西營盤民間文獻與文物選錄》（香港：長春社文化古蹟資源中心，2015 年），
頁 44-45。

[24] 香港保良局歷史博物館：1928 年《保良局徵信錄》。

[25] 維多利亞城為戰前香港城市核心地帶，範圍約為現堅尼地城至銅鑼灣一帶。

[26] 香港保良局歷史博物館：1928 年《保良局徵信錄》。

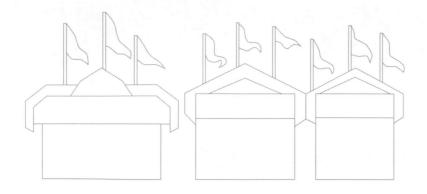

我們無法斷定哪個組織是由潮汕人士組成的，反而從字面來看有孟蘭組織是由海陸豐和福建人組成。值得注意的是，1928年義捐記錄有不少孟蘭會的名稱仍然存在，而且是由潮汕人士組成，但筆者相信同名不代表是同一個組織。以石塘咀孟蘭會為例，現時每年農曆七月廿七至廿九日，石塘咀山道都會舉行孟蘭勝會。籌備單位原名為香港西區石塘咀街坊孟蘭勝會，創辦於1967年，1990年註冊為天福慈善社。不過，渣甸糖局工人孟蘭會明顯是潮州公和堂孟蘭勝會的前身，也是香港最悠久潮人孟蘭勝會組織之一。據說當時渣甸糖廠鬧鬼，弄得人心惶惶，潮籍工人認為這是孤魂野鬼作祟，並建議按俗舉行孟蘭勝會。廠方為安撫工人，穩定人心，便批准工人集資舉辦孟蘭勝會法事，超渡亡魂，鬧鬼事件不再發生，自此漸成慣例。[27]

第四節　二次大戰以後香港潮人孟蘭勝會之發展與管理

香港潮人孟蘭勝會黃金時期

香港重光以後，內地戰亂頻仍，很多人為避內亂，紛紛逃難來港，其中包括大量潮汕人士，散居在香港各區，有的選擇定居新界，靠山吃山，靠海吃海。部份潮汕人士向當地原居民租借田地耕作，或開墾荒地自立成家；或投靠同鄉聚居一起，形成自己的社區。這班潮汕人士不僅帶來勞動力和財力，更將自己的生活習慣和風俗帶入香港，當中包括散落在不同地區的孟蘭勝會。九龍城區是其中一個潮汕人士聚集的社區，1967年有七個孟蘭勝會在此區舉行，當中大部份均是由潮汕人士籌辦。[28]

1967年九龍城區潮人孟蘭勝會記錄：[29]

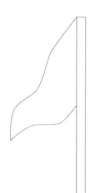

盂蘭勝會	舉行日期	地點	值理會人數	捐款者人數	善信人數	支出	代表
東頭新區街坊盂蘭勝會	1967年8月6日至1967年8月9日	東頭新區	200	3,500	6,000	$35,000	黃順永
慈德善社	1967年8月17日至1967年8月19日	東頭新區	36	3,500	6,500	$35,000	陳木城、張桂雄
橫頭磡潮僑盂蘭勝會	1967年8月7日至1967年8月8日	橫頭磡	37	530	6,000	$5,280	陳子芳、張清順
大環山盂蘭勝會	1967年8月16日至1967年8月22日	大環新區	30	1,000	5,000	$10,000	余招
紅磡三約街坊會盂蘭勝會	1967年8月17日至1967年8月19日	紅磡觀音廟	33	200	6,000	--	胡盛蓀
老虎岩街坊盂蘭勝會	1967年9月1日至1967年9月3日	佛教醫院	30	200	30,000	--	陳子云
九龍城小販盂蘭勝會	1967年8月29日至1967年8月31日	九龍城街市旁空地	20	300	4,000	--	林潘興、曹豐記

[27] 潮州公和堂盂蘭勝會會長陳耀華先生和理事長蔡學勤先生訪問，2021年8月8日。
[28] 紅磡三約街坊會盂蘭勝會是由紅磡三約街坊會舉辦，是當時少數非潮汕人士舉辦的盂蘭，今已停辦。今紅磡三約盂蘭勝會則由紅磡三約友誼會舉辦，主神為寶其利街福德。
[29] 香港政府檔案處，檔案編號：HKRS582-2-4, Religious Ceremony, 26.6.1967 - 28.4.1970。

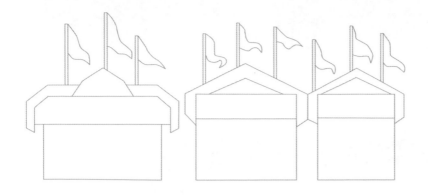

東頭新區街坊盂蘭勝會是東頭村盂蘭勝會的前身。1960 年代末，單是參與該盂蘭會的捐款人數高達 3,500，支出為 35,000 元。其時一個工人月薪平均 100 元左右，可見舉辦此盂蘭勝會極具規模和盛大。1968 年 7 月 6 日，東頭新區街坊盂蘭勝會致函香港警察總部警務處長，申請在同年農曆七月初一至初四（即 7 月 25 至 28 日）舉行盂蘭勝會期間先後鳴炮竹五次，五串炮竹合共有 15,000 發，由此可見當時大型潮人盂蘭勝會何其隆重[30]。7 月 23 日，華民政務司署書面回覆東頭新區街坊盂蘭勝會，不批准在舉辦盂蘭勝會期間燃放炮竹，對於舉辦盂蘭勝會的申請也須再交由警務處批准[31]。事緣 1967 年發生暴動，有人用炮竹內的火藥，製造土製炸彈，導致多人傷亡。港府為此頒佈法例，嚴禁民間藏有煙花炮竹，若市民欲放煙花、燒炮竹，必須事先向華民政務司署申請，但明顯獲得批准機會甚微。在這種情況下，東頭新區街坊盂蘭勝會燃放炮竹的申請被駁回便變得合理了。

東頭新區街坊盂蘭勝會計劃鳴炮竹的日期及時間：

第一次鳴炮竹	迎神	七月初一 上午 11 時左右	前往竹園嗇色園恭迎黃大仙師菈壇
第二次鳴炮竹	行祭	七月初一 晚上 9 時 30 分左右	祭天地眾神
第三次鳴炮竹	酬神	七月初三 中午 12 時左右	--
第四次鳴炮竹	獻袍	七月初四 晚上 1 時左右	--
第五次鳴炮竹	送神	七月初五 早上 5 時左右	--

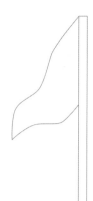

踏入 1960 年代以後，香港潮人盂蘭勝會的規模愈趨盛大，散佈在香港各區的潮人聚居地，每年盂蘭勝會籌備工作不但牽涉不同政府部門的申請，同時盂蘭會之間也存在資源的競爭，這包括戲班、佛社、搭棚和舉辦日子的檔期，凡此種種，均構成一個各區盂蘭會聯合組織誕生的契機。1969 年，長洲潮州會館會長楊木盛呼籲各區盂蘭會構思「節省經費，移作慈善」，其時潮人領袖顏成坤倡導籌建潮州醫院，各區盂蘭會紛紛響應，在這種背景下 1970 年港九新界潮僑盂蘭聯誼總會（以下簡稱：盂蘭聯誼總會）正式成立[32]。除此以外，盂蘭聯誼總會有協調各區盂蘭會的功能，以及作為各區盂蘭會與政府的溝通橋樑，更有助提升盂蘭會在港的社會地位。

盂蘭勝會管理政策

按 1969 年政府記錄，港九各地有 50 個團體舉辦盂蘭勝會，迄至 1975 年增至 80 多個，然而實際數字尚未計算新界及公共屋邨舉辦的盂蘭勝會[33]。踏入 1970 年代，香港經濟高速發展，人口不斷上升，盂蘭勝會申請場地的數量也持續增加，使政府關注各區盂蘭勝會場地使用情況。1974 年，全港適合搭棚的地點共有 54 處。當時全港硬地小型球場有 71 個，其中 38 個球場將會搭建戲棚上演神功戲，絕大部份用作盂蘭勝會。政府擔心盂蘭勝會長期佔用公共場地，導致一般市民無法享用，很容易引發不滿的情緒。[34]

[30] 東頭新區街坊盂蘭勝會信函。
[31] 東頭新區街坊盂蘭勝會信函。
[32] 〈潮籍領袖顏成坤等倡議籌建潮州醫院 盂蘭會已積存數十萬元 廖烈文等表示熱烈支持〉，《華僑日報》，1970 年 7 月 26 日。
[33] 陳子安：《漁村變奏：廟宇、節日與筲箕灣地區歷史 1872-2016》（香港：中華書局，2018 年），頁 224。
[34] 〈盂蘭節演戲借用球場，妨得體育活動，深夜聲浪喧鬧均應有予以改善必要〉，《華僑日報》，1974 年 8 月 30 日。「香港方面 19 處，九龍方面 35 處，皆為官地及硬地之小型球場，港島 7 塊官地，12 個球場，九龍 9 塊官地，球場 26 個。」

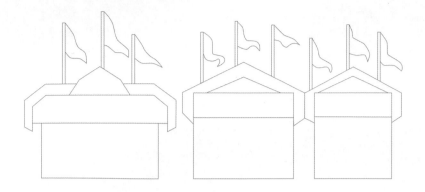

香港城市發展迅速，市區樓宇密集，球場周圍樓宇增多，盂蘭勝
會在舉行期間不時受到居民投訴。部份戲棚位置靠近民居，如神
功戲演出通宵達旦，附近居民頗受滋擾，有的居民去信有關當局
或報章投訴聲浪過大、製造噪音，影響他們睡覺安寧。在盂蘭勝
會期間，舉辦團體和信眾又會燃燒冥鏹，以往當局沒有制定任何
指引，舉辦團體為求方便，或會露天燃燒衣紙，灰燼四處飄揚，
使附近街道和車輛鋪滿紙灰，影響附近民居。

1973 年 8 月 22 日《華僑日報》編輯刊登了一封就盂蘭勝會的投
訴信：

> 每年盂蘭節，球場例必搭棚演戲，該區居民便叫苦連天……
> 每天均鬧至深夜，聲浪擾人，實非筆墨所能形容。今年更
> 變本加厲，本月二十日晚該戲棚更通宵演至翌晨六時十分
> 才停止，鑼鼓及唱戲聲浪之大，實使人無法入睡，而有關
> 當局亦未見有加以干涉……在政府大力推行的清潔運動當
> 中，這條大垃圾蟲是應受到最嚴重的處分……希望市政事
> 務處 [署] 日後接獲同類申請備用公眾地方時，能銳意考
> 慮，盡量避免在人口稠密的市中心區舉行太嘈雜的集會，
> 祇為一小部分人士而忽略大部分市民寧靜的生活。[35]

由此可見，每年盂蘭勝會衍生出很多社會問題，使當局有意立法
管制。1975 年 11 月 7 日，房屋署、市政事務署及民政署代表召
開聯席會議，邀請香港各盂蘭勝會（包括潮州、鶴佬及廣東形式）
的籌辦人，假座九龍廣東道政府合署，商討舉辦盂蘭勝會的事宜，
並詳細解釋租用市政事務署轄下運動場及公眾遊樂場新規定 [36]。
除政府官員及港九各區盂蘭勝會團體代表外，還有港九新界潮僑
盂蘭聯誼總會負責人。新場地租用政策，政府仍不直接干預宗教
或民間信仰活動，但對於盂蘭勝會帶來的社會影響，當局則新增
條例，規管使用場地、社會秩序、環境污染和噪音污染等。[37]

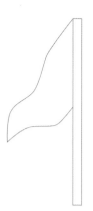

1976 年香港盂蘭勝會的新政策要點如下：[38]

1. 運動場為提倡體育康樂活動所不可缺少，因此，盂蘭勝會應盡可能於政府空地上舉行，如無此類空地應用，則或可准許於較少人使用的運動場上舉行；

2. 批准使用市政局轄下的運動場者，每次不得超過 21 天（包括蓋搭與拆卸棚帳時間）；

3. 准許使用市政局轄下運動場的盂蘭勝會籌辦人，須向市政局繳交按金 5,000 元，該款項將於按時完滿清理場地，及清償所有欠市政局的債務和責任後，即予發還；

4. 籌辦人並須投保 50 萬元第三者保險，保障於所批准期間內，因使用有關運動場而不論任何緣 [原] 因引致的死亡、傷害、損失或毀壞。保單由籌辦人與市政局聯名，並必須連同保險費收據，於開演前一併呈交市政局批准；

5. 以前未獲批准的新團體，其申請將不予接納；

6. 舊團體於過去一年以上未有舉辦勝會者，其申請將不予考慮；

7. 預備使用的場地，最低限度須於三個月前申請；

8. 場地僅限於前經協議者，不得更改；

9. 籌辦人須確保所舉辦勝會於晚上 11 時後，聲浪不致騷擾附近居民；

10. 棚帳須符合建築事務監督及消防事務處處長的規定，座位數目亦必須經由有關當局批准。

[35] 1973 年 8 月 22 日居民寫給《華僑日報》編輯的一封投訴信。
[36] 香港政府檔案處，檔案編號：HKRS582-1-7, Yu lan Festival–Policy, 22.07.1969– 24.04.1978。
[37] 香港政府檔案處，檔案編號：HKRS582-1-7, Yu lan Festival–Policy, 22.07.1969– 24.04.1978。
[38] 香港政府檔案處，檔案編號：HKRS582-1-7, Yu lan Festival–Policy, 22.07.1969– 24.04.1978。

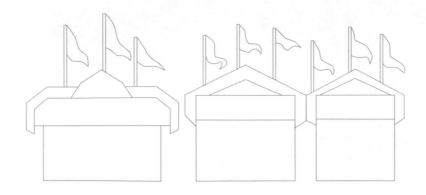

管理盂蘭新政策推出後，各盂蘭勝會代表最關注是購買保險問題，其他潛藏「魔鬼細節」則未有細心探討[39]。新政策表明若盂蘭勝會停辦一年以上，來年將不能再申請借用場地，間接扼殺盂蘭勝會的發展空間。與此同時，以前未獲批出場地的盂蘭勝會，今後亦不會考慮，目的是限制盂蘭團體的增長，埋下日後式微的遠因。

1975 年 11 月 7 日聯席會議出席各盂蘭勝會名單：[40]

地區	盂蘭勝會
油尖旺區	油蔴地旺角區四方街潮僑街坊盂蘭勝會
	尖沙咀官涌街坊盂蘭勝會
	旺角街坊盂蘭勝會
	旺角潮僑街坊盂蘭勝會
深水埗區	獅山媽祖盂蘭勝會
	深水埗、石峽尾、白田邨潮僑盂蘭勝會有限公司
	李鄭屋街坊盂蘭會
	長沙灣街坊盂蘭會
	長沙灣潮僑盂蘭勝會
九龍城區	大坑東西（九龍仔）潮僑盂蘭勝會
	九龍城潮僑盂蘭會有限公司
	紅磡盂蘭會有限公司
	大環山街坊盂蘭會

黃大仙區	土瓜灣盂蘭會
	慈雲山潮僑街坊盂蘭勝會
	竹園街坊盂蘭勝會
	黃大仙新蒲崗鳳凰新邨盂蘭勝會
	樂富老區街坊盂蘭勝會
	樂富新區潮僑盂蘭勝會
	港九義德善舍（有限公司）
	竹園潮僑盂蘭勝會
	黃大仙水上居民盂蘭勝會
	黃大仙新邨善慶佛堂盂蘭勝會
	橫頭磡邨街坊盂蘭勝會
觀塘區	油塘潮僑盂蘭聯誼有限公司
	秀茂坪潮僑街坊盂蘭勝會
	九龍油塘高超長龍田村盂蘭勝會有限公司
	牛頭角區工商聯誼會有限公司
	官塘街坊盂蘭勝會
	秀茂坪新區潮僑盂蘭會
	牛頭角福德善舍有限公司
	德教保慶愛壇有限公司
	咸田街坊會咸田新區盂蘭勝會
	官塘街坊盂蘭勝會
	楊氏四知堂
	牛頭角區潮僑盂蘭勝會
	官塘鯉魚門道邨居民協會蘭勝會

[39]　香港政府檔案處，檔案編號：HKRS582-1-7, Yu lan Festival–Policy, 22.07.1969– 24.04.1978。
[40]　香港政府檔案處，檔案編號：HKRS582-1-7, Yu lan Festival–Policy, 22.07.1969– 24.04.1978。

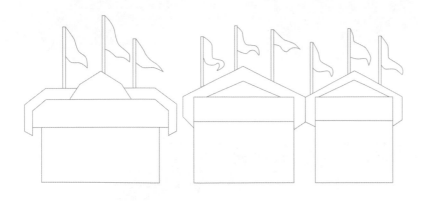

地區	盂蘭勝會
港東區	柴灣區解放福利事務促進會有限公司
	柴灣惠州海陸豐同鄉盂蘭建醮勝會
	筲箕灣南安坊福德祠盂蘭勝會
	筲箕灣南安坊村街坊潮僑盂蘭勝會
	西灣河盂蘭勝會
灣仔區	潮州公和堂聯誼會有限公司
中區及西區	西區正街永陸坊眾舉辦盂蘭勝會
	西區西環街坊盂蘭勝會
	潮州三角碼頭盂蘭勝會
	東邊街渣甸橋街坊盂蘭勝會
南區	香港仔排灣澳光邨盂蘭勝會
	香港仔黃竹坑邨潮僑盂蘭勝會
	香港仔田灣邨潮僑盂蘭勝會
	香港仔水陸居民盂蘭勝會

1982 年潮州公和堂停辦事件

潮州公和堂始於 1897 年，草創階段只在路邊化衣，後來輾轉獲
政府批出不同場地舉行，包括有糖街、紀利佐治街、怡和街、摩頓
臺官地、維多利亞公園一號球場、政府停車場和灣仔鴻興道官地
等[41]。潮州公和堂盂蘭勝會理事長蔡學勤回憶，灣仔碼頭對面鷹
君中心門口巴士站的位置，昔日是一片爛地，潮州公和堂曾於此舉
辦過一至兩屆盂蘭勝會，後來又因興建大廈而需要轉換場地。到了
1980 年代初，隨着城市發展，潮州公和堂難以在區內政府批出的
場地舉辦勝會。1982 年，潮州公和堂致函政府，申請維多利亞公
園作為盂蘭勝會場地。然而，市政局拒絕潮州公和堂申請，理由有

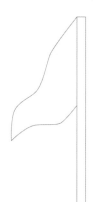

三，其一維多利亞公園球場不是列為可申請用作盂蘭勝會的場地；其二市民對硬地球場需求甚殷，全年均有訂用；其三當局曾建議九個不同地方借予潮州公和堂，但均以地點遠離服務地區為由拒絕[42]。結果，1982 年潮州公和堂盂蘭勝會被迫停辦一年。翌年，潮州公和堂與當局幾經交涉，市政局終於答應批出摩頓臺足球場。[43]

1982 年潮州公和堂停辦盂蘭勝會過程簡表：

日期	內容
1982 年 3 月 2 日	潮州公和堂的理事長和總理致函港九市政事務署灣仔區主任、東區市政事務署東區主任、東區民政處及灣仔民政處，申請在 8 月 31 日至 9 月 19 日（包含蓋搭和折拆卸棚架，共 20 天）借用維多利亞公園任何一個球場以舉辦盂蘭勝會。[44]
1982 年 3 月 11 日	潮州公和堂的理事長和總理去信東區區議會主席，希望東區區議會主席協助申請盂蘭場地事宜。[45]
1982 年 3 月 23 日	潮州公和堂致函市政局主席張有興先生、市政總署署長徐淦先生及全體市政局議員，就申請場地一事請求協助。[46]
1982 年 5 月 14 日	港九市政署正式拒絕潮州公和堂的申請。[47]

[41] 潮州公和堂聯誼會，潮州公和堂信函。
[42] 〈市政署發言人表示 並未允許任何社團 在維園辦盂蘭勝會〉，《香港工商日報》（1982 年 9 月 7 日）。
[43] 潮州公和堂盂蘭勝會主編：《香港潮人盂蘭的今昔》，缺出版年份及頁數。
[44] 潮州公和堂聯誼會，潮州公和堂信函。
[45] 潮州公和堂聯誼會，潮州公和堂信函。
[46] 潮州公和堂聯誼會，潮州公和堂信函。
[47] 〈市政署發言人表示 並未允許任何社團 在維園辦盂蘭勝會〉，《香港工商日報》（1982 年 9 月 7 日）。

日期	內容
1982 年 5 月 19 日	東區區議會主席回函潮州公和堂指，東區民政處曾跟進潮州公和堂的申請個案，但是市政局的回應為「地下鐵路公司正在維園之範圍進行工程」，而且場地未能用作盂蘭勝會用途，申請難以獲批。東區區議會主席再指潮州公和堂的會址設於灣仔區，建議其向灣仔民政處查詢。[48]
1982 年 6 月 23 日	潮州公和堂有 20 多名代表赴港督府請願及遞交簽名書，請求港府批准他們借用維園球場舉行盂蘭勝會。[49]
1982 年 6 月 29 日	市政總署拒絕借出維園場地予潮州公和堂，曾赴港督府請願，後來更獲港九新界潮僑盂蘭聯誼總會支持爭取場地。[50]
1982 年 8 月 19 日	潮州公和堂致函港九市政事務署，再次懇請署方「一本往年熱情支持，關懷民眾傳統宗教信仰及公眾娛樂活動」以批准潮州公和堂於 8 月 31 日至 9 月 19 日借用政府大球場西側停車場（即香港政府運輸署掃桿埔驗車場側面），「以還東區十萬鄉親坊眾共同心願」。[51]
1982 年 8 月 23 日	港九市政事務署灣仔區主任回覆已將潮州公和堂對借用掃桿埔政府大球場西側停車場的申請轉交管理該大球場的當局處理。[52]
1982 年 8 月底	市政署向潮州公和堂解釋由於時間倉猝，未及通知警方、消防處、建築物條例執行處等政府部門，所以未能批准其使用掃桿埔政府大球場西側停車場的申請。市政署指出政府大球場停車場並非正式活動場地，而且大球場已預先被另一個團體訂用，而該團體亦需要使用停車場設備；加上考慮到盂蘭勝會所發出的聲浪，將會對附近的兩間醫院及其他住宅大廈造成一定的騷擾。[53]
1982 年 9 月 3 日	潮州公和堂在紅寶石酒樓舉行記者招待會，報告先後申請場地被拒，遂決定停辦該年的盂蘭勝會。六區居民自行化衣祭幽，並提醒各人要小心火燭危險及注意街道清潔。[54]
1982 年 9 月 6 日	市政總署發言人聲明重申在任何情況下都不會批出維園場地作盂蘭勝會用途。[55]
1983 年 7 月 21 日	市政署將摩頓臺足球場納入可申請場地，並批出場地給潮州公和堂使用。[56]
1983 年 8 月 29 日至 9 月 3 日	在極力爭取下，潮州公和堂在摩頓臺球場舉辦一連六日的盂蘭勝會，耗資逾 50 萬元，是歷屆以來最大規模的一次。

潮州公和堂盂蘭勝會向政府申請摩頓臺球場舉行盂蘭勝會，初期協商過程並不順利，原因是潮州公和堂採用傳統竹棚，容易刮花球場的地面。直到潮州公和堂答應購買大額場地保險，並取得律師擔保，方能順利申請場地。現今康樂及文化事務署（以下簡稱康文署）轄下球場的地面大都鋪上一層化學物料，容易刮花損壞，比不上石屎地耐用。因此盂蘭會擔心損壞場地，將遭受罰款，無形中帶來財政壓力，甚或影響來年場地的審批。由此可見，舉行盂蘭勝會的合適場地愈來愈少，租借場地的要求愈趨嚴格，受到很多租借條款約束，使盂蘭會百上加斤，也是香港潮人盂蘭勝會的傳承面對的一大難題。

回歸前後盂蘭勝會及節慶活動場地管理政策

政府為了進一步監管傳統節慶活動場地，1988 年修訂相關政策，鼓勵同區的盂蘭會共用一個場地。

政策摘錄如下：[57]

1. 倘現有場地相距不遠或無人問津，則應盡量減少場地的數目；
2. 應把以往曾舉辦盂蘭勝會的所有團體，按其所屬地區或分區分組。只有政務總署認為頗有地位，或過去數年曾定期安排類似慶典的團體，才應獲准在市政局轄下地區內舉辦慶典；

[48] 潮州公和堂信函。
[49] 〈潮州公和堂請願要求准借維園球場辦盂蘭勝會〉，《大公報》（1982 年 6 月 24 日）。
[50] 〈被拒在維園辦盂蘭會 潮僑盂蘭會支持 公和堂繼續爭取〉，《香港工商日報》（1982 年 6 月 29 日）。
[51] 潮州公和堂信函。
[52] 〈市政署發言人表示 並未允許任何社團 在維園辦盂蘭勝會〉，《香港工商日報》（1982 年 9 月 7 日）。
[53] 〈市政署發言人表示 並未允許任何社團 在維園辦盂蘭勝會〉，《香港工商日報》（1982 年 9 月 7 日）。
[54] 〈潮州公和堂暨六區居民 決定今年停辦盂蘭勝會 該會昨招待記者透露申請場地遭拒絕〉，《大公報》（1982 年 9 月 4 日）。
[55] 〈市政署發言人表示 並未允許任何社團 在維園辦盂蘭勝會〉，《香港工商日報》（1982 年 9 月 7 日）。
[56] 〈昨起一連六天在摩頓臺舉行 盂蘭勝會今日剪綵 公和堂昨為醒獅點睛並演潮劇〉，《大公報》（1983 年 8 月 30 日）。
[57] 香港政府檔案處，檔案編號：HKRS1599-2-49，Yu Lan Festival, 4.1.1991 - 19.2.1999。

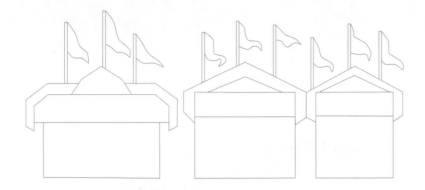

3. 應鼓勵團體組合起來，同時或相繼使用一個場地舉行聯合慶典，而並非使用兩、三個場地，各自舉行慶典；

4. 局方應繼續現行做法，規定任何團體均不可使用一個場地超過三個星期。倘兩個或超過兩個團體決定組合起來，同時或相繼使用同一場地舉行聯合慶典，則可多使用該場地一個星期；

5. 可供舉辦盂蘭勝會及其他宗教慶典的局方場地，仍應限於硬地遊樂場；

6. 倘慶典只為一個屋邨的居民而舉行，有關團體必須尋找一個房屋署轄下的場地，或同意與已獲准使用有關場地的其他團體合用一個場地。

在 1990 年代，有街坊投訴工廠街遊樂場舉行的盂蘭勝會，活動期間製造噪音，又有善信燃燒冥鏹引致灰燼四處飄揚，影響附近居民生活[58]。事實上，筲箕灣有三個盂蘭勝會，分別是筲箕灣南安坊坊眾會盂蘭勝會、西灣河盂蘭勝會和潮州南安堂福利協進會盂蘭勝會。過往多年，這三個盂蘭團體各自在不同日期和場地舉行盂蘭勝會，鮮有與其他組織夥拍於同一場地舉辦[59]。為此，市政局居中協調三個盂蘭勝會，並援引 1988 年制定對舉辦傳統節慶活動的場地政策，建議三個盂蘭團體共用一個場地。

1998 年，三個盂蘭會移師到愛秩序灣遊樂場舉行，自此筲箕灣三個盂蘭勝會展開長期合作關係[60]。每年三個盂蘭組織都會跟政府各部門協調使用愛秩序灣遊樂場，並按舉行日子攤分搭建金屬棚架的費用。按傳統慣例，筲箕灣南安坊坊眾會於每年農曆七月初二至初五舉行一連四天的盂蘭勝會，其他兩個組織則只舉行三天，故此搭建費用以四 - 三 - 三方式攤分[61]。綜合來說，當局鼓勵盂蘭勝會共用同一場地，此舉實屬雙贏方案，一來避免當區不同盂蘭勝會佔用太多康體場地，二來對盂蘭勝會而言，它們亦可分擔搭建盂蘭場的費用，減輕籌備的費用，可謂一舉兩得。

1997/98 年度舉辦盂蘭勝會及其他傳統宗教慶典的官方市區場地清單 [62]

地區	場地	節慶祭祀活動	舉行日期
中西區	西區公園	東邊街渣甸橋盂蘭勝會	農曆七月十八至二十日
		佛教三角碼頭盂蘭勝會	農曆七月廿四至廿六日
	堅彌地城臨時遊樂場	西環盂蘭勝會	農曆七月初七至初九
灣仔區	摩頓臺臨時遊樂場	潮州公和堂聯誼會 盂蘭勝會	農曆七月廿一至廿三日
東區	工廠街遊樂場	譚公誕	--
南區	石排灣邨一號遊樂場	香港仔石排灣海陸豐 盂蘭勝會	農曆七月十三至十五日
	香港仔運動場 (硬地球場)	香港仔田灣、華富、 華貴邨潮僑坊眾 盂蘭勝會	農曆七月十三至十五日
	鴨脷洲遊樂場	--	--
	石澳泳灘(停車場)	石澳天后誕	擲杯選日子
	鴨脷洲橋道遊樂場	--	--
旺角區	詩歌舞遊樂場	旺角潮僑街坊盂蘭勝會	農曆七月初十至十二日
深水埗區	保安道遊樂場	李鄭屋‧麗閣‧蘇屋‧ 元州‧海麗‧五邨聯合 坊眾盂蘭勝會	農曆七月初十至十二日
	大坑東邨一號遊樂場	--	--
	偉智街遊樂場	深水埗石硤尾白田邨 潮僑盂蘭勝會	農曆七月十六至二十日

[58] 香港政府檔案處,檔案編號:HKRS1597-1-1, Yu Lan Festival, 25.10.1989-9.4.1996。

[59] 陳子安:《漁村變奏:廟宇、節日與筲箕灣地區歷史 1872-2016》(香港:中華書局,2018 年),頁 228。

[60] 香港政府檔案處,檔案編號:HKRS1599-2-50, Yu Lan Festival, 24.02.1999-25.11.1999。

[61] 陳子安:《漁村變奏:廟宇、節日與筲箕灣地區歷史 1872-2016》(香港:中華書局,2018 年),頁 232。

[62] 香港政府檔案處,檔案編號:HKRS1599-2-49, Yu Lan Festival, 4.1.1991 - 19.2.1999。

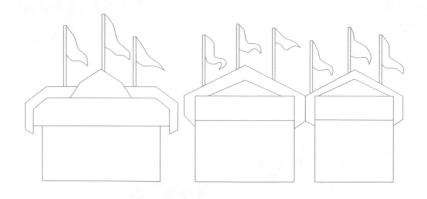

地區	場地	節慶祭祀活動	舉行日期
尖沙咀區	九龍佐治五世紀念公園（硬地足球場）	油麻地旺角區四方街潮僑街坊盂蘭勝會	農曆七月十三至十五日
		尖沙咀官涌街坊盂蘭勝會	農曆七月廿四至廿六日
九龍城區	亞皆老街遊樂場	九龍城潮僑街坊盂蘭勝會及郭汾陽崇德總會	農曆七月十六至二十日及農曆十二月十一至十二日
	賈炳達道公園（硬地球場）	東頭邨盂蘭勝會	農曆七月初一至初三
	土瓜灣遊樂場	土瓜灣潮僑工商盂蘭勝會	農曆七月廿一至廿三日
	蕪湖街臨時遊樂場	紅磡三約潮僑友誼會福德寶誕	農曆三月廿九日
黃大仙區	慈雲山邨中央遊樂場	慈雲山鳳德邨竹園邨潮僑街坊盂蘭勝會	農曆七月初四至初八
		慈雲山鳳德邨竹園邨惠僑街坊盂蘭勝會	農曆七月廿四至廿七日
觀塘區	牛頭角下邨八號遊樂場	牛頭角區潮僑街坊盂蘭勝會	農曆七月初四至初六
	鯉魚門道遊樂場	九龍油塘高超長龍田村盂蘭勝會	農曆七月初七至初十二
	藍田配水庫遊樂場	藍田街坊潮僑盂蘭勝會	農曆七月初九至初十二
	康寧道遊樂場	觀塘潮僑工商界盂蘭勝會	農曆七月十三至十五日

第五節　申遺前後香港潮人盂蘭勝會概況

回歸以後，不少盂蘭會艱苦經營，參與者十居其九是長者，問及對此前景，大多數深感悲觀，感慨風光不再，擔心後繼無人[63]。與此同時，盂蘭勝會多存活於舊區，蓋因人口老化嚴重，部份建築物已見殘舊，當局進行市區重建，間接加速盂蘭勝會衰亡。2011年，香港潮人盂蘭勝會（潮州人傳統）納入第三批國家級非物質文化遺產項目。2015年8月27日，香港潮屬社團總會舉辦第一屆「盂蘭文化節」，備受矚目，為了吸引青少年認識此項國家級非物質文化遺產，特別加入「搶孤」競技比賽環節。然而，香港盂蘭勝會的前景並不樂觀，盂蘭勝會負責人大多表示，申遺以後，實際上特區政府沒有撥出更多資源支持地區承辦盂蘭勝會，故對文化傳承沒有太大的幫助，更有地區的盂蘭勝會因不同的原因被迫取消或正面臨萎縮的命運。

日月星移，香港發展步伐急速，重建和發展此起彼落，可舉辦大型活動的地點不斷減少，各盂蘭會都面對着場地租用困難的問題。以西營盤為例，全盛時期，有三個潮人盂蘭勝會在香港佐治五世公園舉行祭祀活動，分別是佛教三角碼頭街坊盂蘭勝會、西區正街水陸坊眾潮僑盂蘭勝會和東邊街渣甸橋街坊盂蘭勝會。可是，香港佐治五世公園靠近民居及醫院，常遭附近街坊和醫院投訴。於是，場地又改在中山紀念公園舊址舉行，後因興建公園，再遷移到中山紀念公園（中山紀念公園體育館）對出空地。其中，東邊街渣甸橋街坊盂蘭勝會始於戰後時期，其時剛經歷「三年零八個月」的痛苦回憶，很多西區碼頭苦力工人因親眼目睹日軍殺人後就地將屍體推落海的惡行，心有戚戚然，時常發惡夢，遂發起農

2014 年東邊街渣甸橋盂蘭勝會手寫停辦通告。

曆七月期間舉辦盂蘭勝會，超渡孤魂野鬼。十多年前，當局宣告西營盤興建鐵路，當地隨即塵土飛揚，重建項目接連上馬，舊有的社區網絡土崩瓦解。自 2010 年開始，東邊街渣甸橋街坊盂蘭勝會移師東邊街行人天橋旁舉行簡單祭祀儀式。2014 年，當日張貼通告，因人手不足，決定停辦盂蘭勝會。[64]

以下是東邊街渣甸橋盂蘭勝會手寫停辦通告：[65]

> **敬啟者：多謝各位街坊和善信一直以來支持東邊街盂蘭勝會，經過委員會商議，由於沒有足夠人手籌備各項事議 [宜] 到最後決定今年是最後一屆盂蘭勝會，所以希望各位街坊和善信能體諒本會。**

2014 年，東邊街渣甸橋街坊盂蘭勝會姚佑雄等人將所有盂蘭物品，包括香爐、帳簿和仙遊冊等，悉數捐給長春社文化古蹟資源中心。與此同時，2015 年，西區正街水陸坊眾潮僑盂蘭勝會出售會址，當年舉辦最後一屆盂蘭勝會，便正式宣告停辦。如今只剩下佛教三角碼頭街坊盂蘭勝會，於中山紀念公園足球場舉行。因此，為了堅持將盂蘭勝會繼續舉辦下去，各區盂蘭會扭盡六壬減輕財政負擔。有的盂蘭會選擇削減法會日數；有的選擇放棄露天搭棚改在會址進行簡單祭祀儀式；有的選擇取消神功戲；有的選擇取消派發福品；有的選擇放棄傳統紙紮花牌，改以價錢較便宜的膠布印刷花牌代替等。但是這些縮減開支的方法只屬權宜之計，籌辦單位須繼續探索不同渠道，解決收入來源的問題，以延續盂蘭勝會的傳統。

潮州公和堂在 2020 年至 2022 年連續三年均取消以往在摩頓臺舉辦的盂蘭勝會，改為在會址進行簡單拜神儀式。

隨着非遺概念的引入，2014 年 6 月，特區政府發表〈香港非物質文化遺產普查建議清單〉，以《保護非物質文化遺產公約》五大類別，普查出 480 個項目[66]。2015 年 5 月，康文署將非物質文化遺產組升格為非物質文化遺產辦事處，以便加強保育香港非遺的工作。2016 年，三棟屋博物館搖身一變成為香港非物質文化遺產中心，舉辦一系列展覽及教育活動，讓社會大眾認識香港非遺。近年政府逐漸投放資源，通過非物質文化遺產辦事處和華人廟宇委員會資助各區盂蘭勝會，以 2019/20 年度為例，非物質文化遺產辦事處已撥出 300 多萬元，資助五個團體舉辦推廣盂蘭勝會的項目。[67]

第六節　疫情下盂蘭勝會

自 2020 年爆發新冠肺炎，疫情反覆，為此政府頒佈限聚令、封關和關閉政府康體場地等，導致有些盂蘭勝會已停辦三年。有部份盂蘭勝會面對各項防疫措施，迎難以上，按着政府政策及組織資源和條件，不斷調整拜祭模式、地點和規模。簡單而言，疫情下的盂蘭勝會大致可分為會址拜祭、簡化規模和擴大規模三種。

[64] 黃競聰：《拾遺城西：西營盤民間文獻與文物選錄》（香港：長春社文化古蹟資源中心，2015 年），頁 179。
[65] 2014 年東邊街渣甸橋盂蘭勝會手寫停辦通告。
[66] 香港首份非物質文化遺產普查清單：https://bit.ly/2QTzFol。
[67] 根據《香港非物質文化遺產資助計劃 2019-2020 年報》https://www.lcsd.gov.hk/CE/Museum/ICHO/documents/10969700/24472342/AnnualReport_2020_2021_C.pdf。

潮州公和堂會址設有神壇供善信拜祭。

會址拜祭

盂蘭勝會通常在球場和戶外地方舉行,一連三天,禮聘戲班,演出潮劇神功戲。但在疫情下,戶外活動受到嚴格規定,盂蘭組織只能縮小規模,改在室內私人地方舉行簡單拜祭。根據田野考察,會址拜祭一般不會聘請經師誦經,也沒有地方演出神功戲,主辦單位只會敬備祭品,並在指定日子集體舉行拜祭。如東頭邨盂蘭勝會連續三年取消在九龍城賈炳達道公園舉辦盂蘭勝會,改為於農曆七月初一早上於會址進行,舉行簡單拜祭儀式,並開放給各街坊善信參拜。

2022 年東頭村盂蘭勝會祭品如下:[68]

大豬壹隻、雞、鴨、魚、豬肝、粉腸

五果五份

齋菜五份

白酒五杯

茶葉五份

白飯五份

湯丸五碗

潮州公和堂同樣連續第三年不在摩頓臺舉辦盂蘭勝會,改為在會址進行簡單拜神。該會址供奉了天地父母、諸位福神、銅鑼灣天后和渣甸伯公香爐神位。善信拜祭後,可領取福品,祈求平安大吉。潮州公和堂仍然堅持傳統,在農曆七月初一舉行開孤門儀式,正日潮州公和堂總理和值理等敬備五牲、齋菜及五果,齊集上香拜祭。當天下午,農曆七月廿九日舉行關孤門儀式。2021 年農曆

圖為 2021 年農曆七月初一,潮州公和堂前往銅鑼灣天后廟拜神祈福。

2021 至 2022 年,西環盂蘭勝會改在卑路乍灣公園露天劇場舉行小規模的盂蘭勝會,會場設有簡單佈置。

七月,疫情稍緩,早上 10 時潮州公和堂同寅乘搭 24 座旅遊巴穿梭港島區,由會長陳耀華主持祈福儀式,祈求合境平安,然後返回會址拜神 。翌年臨近農曆七月,疫情確診數字再度攀升,潮州公和堂維持在會址舉行拜神儀式。

2021 年潮州公和堂拜神祈福流程:從銅鑼灣的會址出發,到銅鑼灣天后廟、大坑蓮花宮、大坑福德廟、薄扶林拜伯公、掃桿埔拜伯公,最後回到會址。[69]

日期	時間	活動	祭品
農曆七月初一	上午 8 時 30 分	前往銅鑼灣天后廟拜神	--
	下午 3 時 30 分	開孤門、會所拜神	五果素菜
農曆七月廿一日	下午 3 時至 5 時	會所拜神	五果素菜
農曆七月廿三日	下午 4 時至 5 時	會所拜神	五果素菜、五牲食品
農曆七月廿九日	下午 3 時至 5 時	關孤門、會所拜神	五果素菜

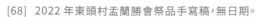

[68] 2022 年東頭村盂蘭勝會祭品手寫稿,無日期。
[69] 潮州公和堂考察筆記,2021 年 8 月 28 日。
[70] 潮州公和堂聯誼會,〈盂蘭節會所拜神時間表通告〉,2022 年 7 月 22 日。

[第二章 回溯百年:香港潮人盂蘭勝會]

西環盂蘭勝會簡化規模佈置場地，2021 年主辦單位只安排粵劇折子戲，翌年
大會改為潮劇折子戲。圖為 2021 年西環盂蘭勝會。

簡化規模

每年農曆七月初七至初九，西環盂蘭勝會於堅尼地城臨時遊樂場
舉辦大型盂蘭勝會[71]。2020 年，西環盂蘭勝會停辦一年，翌年
西環盂蘭勝會與政府協商，改在卑路乍灣公園露天劇場舉行一天
儀式[72]。早上 7 時，大會開始佈置場地，10 時開始儀式，並開
放給信眾參拜。下午 6 時大會停止收集所有元寶衣紙，晚上 7 時
在主祭帶領下進行獻貢儀式。晚上 8 時活動結束。由於場地空間
較以往小，圓形露天劇場空間不足以搭建盂蘭棚，西環盂蘭勝會
只能簡化規模佈置場地[73]。至於神功戲方面，2021 年主辦單位
只安排粵劇折子戲，翌年大會改為潮劇折子戲。

2022 年西環盂蘭勝會潮劇折子戲：[74]

時間	內容
上午 11 時至 11 時 30 分	1. 京城會 2. 愛歌 3. 東吳郡主之十年相思
下午 2 時至 2 時 30 分	1. 井邊會 2. 四郎別妻 3. 春風踐約到園林

擴大規模

2020 年，旺角潮僑街坊盂蘭勝會停辦盂蘭勝會，只能移師到大角咀詩歌舞街球場旁的天橋底舉辦小型誦經化衣活動。2021 年疫情稍緩，旺角潮僑街坊盂蘭勝會復辦一連三日儀式，部份儀式更是疫情前沒有的。旺角潮僑街坊盂蘭勝會籌辦者羅碧華女士指出，2021 年 3 月大會致函康文署申請場地，三個月後當局批出場地，但必須遵守三個條件：不可進行派米活動、場內不准煮食，以及有神功戲演出[75]。為了祝願疫情早日遠離，大會特別禮聘至寶臺呂祖道壇，舉辦水陸超幽盂蘭法會及放水燈儀式。又如西貢區盂蘭勝會同樣在這兩年借用鹿尾村路休憩公園，舉行盂蘭勝會。2021 年，西貢區盂蘭勝會獲華人廟宇委員會撥款，在農曆七月廿七至廿九日期間舉行一系列文化推廣活動，更禮聘玉梨春潮劇團演出鐵枝木偶戲。[76]

[71]　今位置在招商局碼頭附近球場，又稱沙倉球場。
[72]　西環盂蘭勝會考察筆記，2021 年 8 月 15 日。
[73]　西環盂蘭勝會考察筆記，2021 年 8 月 15 日。
[74]　2022 年西環盂蘭勝會網上通告，由西環盂蘭勝會鄭仁創提供。
[75]　旺角潮僑盂蘭勝會考察筆記，2021 年 8 月 17 至 19 日。
[76]　西貢區盂蘭勝會考察筆記，2021 年 9 月 3 至 4 日。

2021 年疫情稍緩，旺角潮僑街坊盂蘭勝會復辦一連三日盂蘭勝會。

康文署批出場地時，規定盂蘭勝會必須要有神功戲演出。圖為 2021 年旺角潮僑街坊盂蘭勝會禮聘香港新天藝潮劇團作潮劇演出。

小結

在嚴格的防疫措施下，絕大部份盂蘭團體只能選擇在會址舉行簡單的拜祭儀式，這是因為大部份盂蘭場多屬於官方場地，借用需符合政府防疫規定。2021 年，政府批出場地給旺角潮僑街坊盂蘭勝會，其中一個條件是必須有神功戲演出。值得注意的是，現時潮劇團演員基本上由內地輸入，但疫情下內地暫緩審批潮劇演員來港，在這情況下本地臨時組成一個潮劇班，演出潮劇神功戲。2022 年，新界有三個盂蘭組織成功舉辦盂蘭勝會，分別是深井潮僑街坊盂蘭勝會、錦田八鄉大江埔潮僑盂蘭勝會和西貢區盂蘭勝會。舉辦場地均不是官方場地，如西貢區盂蘭勝會舉行地點是鹿尾村路的休憩公園，該地屬於西貢公路拓展計劃的一部份，大會直接向建築公司借用便可。由此可見，受疫情影響，私人土地復辦盂蘭勝會較政府土地更為容易。

2021 年，旺角潮僑街坊盂蘭勝會為了祝願疫情早日遠離，舉辦水陸超幽盂蘭法會及放水燈儀式。

西貢區盂蘭勝會在 2021 至 2022 年禮聘玉梨春演出鐵枝木偶戲。

2022 年，新界有數個盂蘭組織成功舉辦盂蘭勝會，當中包括錦田八鄉大江埔潮僑盂蘭勝會。

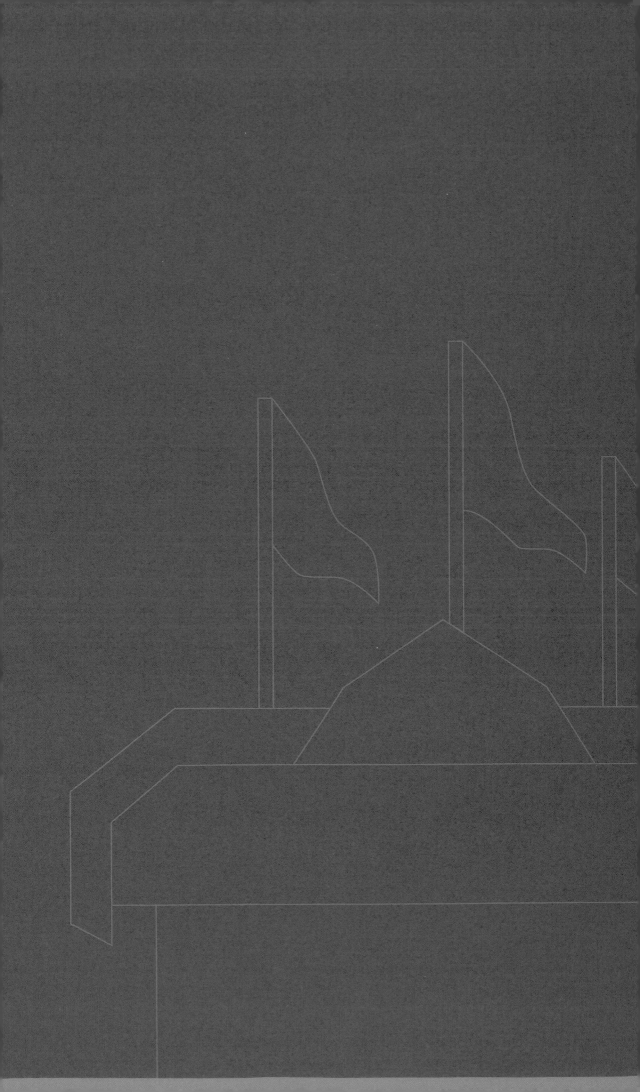

第三章

陰安陽樂：
解構香港潮人盂蘭勝會
主要流程

第一節　文化空間：盂蘭場地佈置

香港潮人盂蘭勝會大多以潮州佛教形式舉行，沿襲傳統習俗，通常會在場地上搭建臨時竹棚，包括：神棚、神袍棚、大士棚（大士臺）、經師棚、附薦棚（附薦臺）、孤魂棚（孤魂臺）、戲棚和辦事棚等佈置。按照場地佈局，大士臺外掛大幢幡，對面是經師棚，方便接引孤魂野鬼前來聞經聽法。而戲棚應面向神棚，表演神功戲，娛神娛人。每一個棚都具有既定的功能和用途。

報章曾詳述 1960 年代荃灣潮僑盂蘭勝會的場地佈置：[77]

> 勝會會塲（場），獲當局將新建成的大遊樂塲（場）借用，廣達數萬呎，分建有大戲棚，經壇，神壇，鷹壇及大門牌樓等，金碧輝皇（煌），多采多姿……

> 大會塲（場）內，一個大橫額輟有「民豐物阜」四個大字，並有寫着「闔境平安」大燈籠，說明了勝會祈求的意義。此外，塲（場）內不少採用白話文的對聯，大門牌樓兩旁大書，「到這裏，要抱十分誠意，進此門，須存一點善心」，甚惹注目。

> 經壇、神壇的佈置古色古香，頗為精巧，陳設平時不易見到的。當地潮僑坊眾紛臨拜祭，絡繹不絕，祭品亦是種類繁多，飽（包）山之外，又有麵山、飯山菜、山等等，不勝盡錄。

由於場地大小、場地空間或個別盂蘭團體習慣等因素，各個盂蘭勝會內的場地佈置都會有所不同。每年農曆七月，佛教三角碼頭盂蘭勝會在中山紀念公園籃球場舉行，至今仍維持沿用竹棚頂棚，

香港潮人盂蘭勝會大多沿襲傳統習俗，在會場上搭建臨時竹棚。圖為 2013 年牛頭角潮僑街坊盂蘭勝會的盂蘭棚佈局。

入口處放置大型花牌，旁邊高掛一枝幢幡，球場內以竹棚搭建有神棚、經師棚、孤魂臺、附薦臺、大士臺和戲棚等。佛教三角碼頭盂蘭勝會在大士臺旁加設伯公老爺棚[78]。佛教三角碼頭盂蘭勝會主席陳運然稱，盂蘭勝會舉行期間，大士王負責看管孤魂野鬼，維持秩序，而棚前設置一香爐，棚內有三個伯公老爺紙紮公仔，負責分配祭品給孤魂。[79]

盂蘭棚

香港棚業主要分為兩大類型，第一類是建築棚，第二類是戲棚。前者泛指興建樓宇或進行維修工作搭建的竹棚，後者指的是戶外舉辦神誕、盂蘭勝會和醮會搭建的竹棚。為甚麼稱為戲棚呢？因為該等節慶祭祀活動需要搭建竹棚的種類繁多，如盂蘭棚常見有神棚、神袍棚、大士棚、經師棚、附薦棚、孤魂棚、戲棚和辦事棚等，然而其中戲棚的體積最大、搭建難度亦最高，故以此為名。行內人稱懂得搭建建築棚，並不代表懂得搭建戲棚，相反懂得搭建戲棚的師傅就能搭建建築棚，意指搭建戲棚的技術較建築棚為高。傳統的盂蘭棚主要以竹、杉木作為主要結構去搭建而成的一個臨時室內空間，外層還會鋪上鋅鐵片，具有遮風擋雨的功能。

[77] 〈公演潮劇齋戒三天 荃灣潮僑舉行盂蘭勝會熱鬧 官紳各界紛臨坊眾萬人空巷〉，《華僑日報》（1965年 8 月 9 日）。

[78] 傳統以來，每一個地方都有土地，稱呼各有不同，有的稱為伯公或福德，均是該地域的守護神。

[79] 佛教三角碼頭盂蘭勝會考察筆記，2012 年 9 月 9 日至 11 日。

[80] 黃競聰、蘇敏怡編著：《香港非遺便覽與實踐》（香港：長春社文化古蹟資源中心，2017 年），頁 154-160。

佛教三角碼頭盂蘭勝會至今仍維持沿用竹棚。圖為昔日的竹棚。

搭棚師傅可以因地制宜，視乎地形或場地空間，靈活運用材料搭建合適的戲棚，最大的戲棚甚至可以容納過千人[80]。2017 年，戲棚搭建技藝已列入首批香港非物質文化遺產代表作名錄。[81]

資深搭棚師傅嚴順利認為 1970 年代是香港戲棚業的「黃金時期」，全年搭棚工程一個緊接一個，幾乎沒有休息的日子，很多地方同一時間都需要搭建戲棚，但是棚廠公司數目有限，每個組織便要互相遷就檔期[82]。然而，傳統竹棚能因地制宜，靈活運用材料搭建合適的戲棚，但同時需面對強風、倒塌和火災等潛在風險。1970 年代中期，港府開始關注竹棚臨時建築的潛在風險。有人建議在港、九、新界選數個場地，興建一座鋼鐵製造的半永久棚架，作為盂蘭及神誕的戲棚，取代臨時搭建的竹棚。優點有三：永久棚架較竹棚安全，更可以提供固位座位、電力、供水和儲物設備；盂蘭勝會只需低價向政府租用座位，減少籌辦活動的費用；新建的半永久棚架不獨為盂蘭勝會租用，其他團體亦可輪流租用，增加地區康體設施。[83]

半永久棚架初步構思如下：

1. 有關建築物提供固位座位、電力、防火、供水及儲物設備；
2. 市政局或民政署負責管理及為大眾提供租借服務；
3. 有關收費方面，政府可以每天以一元一座位的收費，租借予地區組織使用。至於一些舉行早晚兩場神功戲的宗教活動團體，政府可以收取五毫一座位；
4. 從經濟角度而言，1970 年代用竹棚搭建一座容納 1,000 位觀眾的戲棚，當中包括座椅、防火工具及電力設備，最基本金額約需 30,000 至 40,000 元。一座包含 1,500 座位的建築物，現在只需 1,500 元(全包)，就可以保證神功戲在安全情況下進行；
5. 若在香港島有三座(東區、西區及南區)；九龍有四座(觀塘、紅磡、油麻地及深水埗)；新界有四座(荃灣、元朗、大埔及上水)，所有街坊及同類的組織的需求應可一一滿足。

竹棚的好處是可以因地制宜、靈活運用材料搭建，刁鑽位置如天橋下的斜坡也能搭建。圖為 2013 年西區石塘咀街坊潮僑盂蘭勝會。

政府否決半永久棚架的建議，理由如下：[84]

1. 盂蘭勝會或其他宗教活動都是地區性的宗教活動，是地區組織團體發起的，他們會向當地居民籌募經費，搭建神棚，舉行神功戲等酬神活動。因此，我們很難想像，街坊們會走到其他的社區，去參與自己所屬社區舉行的民間宗教活動。

2. 盂蘭勝會或其他宗教活動都是在指定日期及時間下舉行的。由於那些半永久性建築物數量有限，因而不能在同一時間滿足大量的需求。不少籌辦活動的人士相信民間宗教活動舉行的時間是神明預定的，因此有關宗教活動舉行的時間不能隨便更改，所以他們會盡辦法在盂蘭勝會或其他宗教活動指定的日期內舉行，因而在預訂場地事上只會無形中增加政府的行政壓力。

3. 油麻地等地區缺乏公共空間場地及群體娛樂的地方，在有限的地方上再搭建其他建築物，對善用公共空間資源沒有絲毫裨益。

4. 盂蘭勝會的宗教活動中，籌辦單位通常需要五種不同的建築物，當中包括了讓民眾敬拜神明的神棚。但有關方案只提及搭建一座建築物。

[81] 香港非物質文化遺產資料庫。
[82] 資深戲棚搭建技藝師傅嚴順利訪問，2021 年 2 月 24 日。
[83] 香港政府檔案處，檔案編號：HKRS582-1-8, Yu lan Festival–Policy, 03.05.1978 - 27.02.1981。
[84] "From Director of Home affairs to P. G. B. S.: Temporary Structures," 收入香港政府檔案處，檔案編號：HKRS582-1-8, Yu lan Festival–Policy, 03.05.1978 - 27.02.1981。

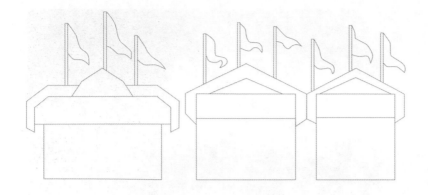

由此可見，建議者明顯對盂蘭勝會的運作並不熟悉，反觀政府否決興建半永久棚架的理由十分充分。除了質疑實際操作上的困難外，政府更指出盂蘭場的棚架不單只有戲棚，還有其他類型的棚架，反映出官方對盂蘭勝會的運作具有一定的認識，顯示官方開始對傳統節慶活動更為重視。

資深搭棚師傅陳煜光指出，戲棚最蓬勃時期，曾有逾十間棚廠專營戲棚搭建工程；每年農曆七月的盂蘭節更是棚廠最忙碌的時候，從農曆六月中旬開始到七月底這一個半月時間，全港的棚廠普遍要完成 40 多個盂蘭棚，高峰時期高達 80 多個[85]。隨着時代發展，戲棚業面對很多發展難題，當中包括竹棚慢慢被現代「鋁棚架」取代。陳煜光師傅稱鋁棚架普遍稱為「天幕」，它早於 20 多年前已出現，當年天幕公司會走訪不同盂蘭場地，推銷鋁棚架。他補充當時天幕的最大賣點是搭建的價錢比傳統戲棚便宜，搭建時間也較短。不過，搭建天幕需要度身訂造，開發成本較高，一般天幕公司會要求盂蘭團體一次簽定數年合約。

一般而言，潮州傳統盂蘭勝會多數在康文署轄下球場舉行，盂蘭勝會組織在盂蘭勝會舉辦前後預留一些日子作搭建傳統戲棚和清理，所以為期三天的盂蘭勝會實際上需租借場地約三個星期，如佛教三角碼頭盂蘭勝會場地為中山紀念公園籃球場，2012 年的勝會日期為 9 月 9 日至 9 月 11 日，而租用期則為 8 月 25 日至 9 月 17 日[86]。相反鋁棚架的安裝時間較短，清理場地同樣方便快捷，無形中減省了佔用球場的時間[87]。更重要的是，鋁棚架不會像竹棚那樣容易刮花球場地板。不少盂蘭會反映，假如借用球場期間損壞了地板，申辦單位須自費還原，費用動輒數萬元，這對盂蘭團體來說是百上加斤的負擔。據周樹佳調查，竹園北邨是首個使用金屬棚架的盂蘭勝會，最早轉用鋁棚架則是大江埔盂蘭勝會[88]。

「天幕」搭建費用比傳統竹棚便宜，時間較短，也較不易刮損場地地板。圖為2012年九龍城潮僑盂蘭會，已轉用鋁棚架代替傳統竹棚。

大江埔盂蘭勝會徐嘉安回憶，2006年颱風「派比安」襲港，風力相當強勁，盂蘭場地位處天德宮外，四周沒有任何遮擋，所有神棚和戲棚都被吹得東歪西倒，外層鋪上的鋅鐵片、花牌散落一地，棚內的紙紮大士王像和祭品也悉數報銷，幸好沒造成傷亡。翌年，大江埔盂蘭勝會試用鋁棚架，結果反應不俗，2008年開始全面轉用鋁棚架[89]。此後，愈來愈多盂蘭勝會陸續棄用傳統竹棚。

除了面對競爭大的問題，戲棚還面對不少困難。第一，現在參與傳統節慶的人數愈來愈少，導致籌辦組織難以籌募經費。例如舉辦一個盂蘭勝會動輒耗資數十萬元，不少盂蘭團體為節省開支，在取捨下決定放棄搭建戲棚，簡化祭祀日數和活動。第二，搭棚人才青黃不接。嚴順利師傅指出，搭建戲棚非常辛苦，時間緊迫，經常日曬雨淋。此外，搭戲棚工作有旺、淡季之分，並非全年有工作。部份戲棚師傅開工不足，只好兼職其他工作；有的為了更穩定的收入，更會轉而往建築棚或其他行業工作。許多戲棚老師傅相繼退休或離世，行內熟練的師傅寥寥可數，加上工作環境惡劣，打風落雨都要開工，難以吸引「新血」入行。凡此種種問題，香港戲棚搭建技藝無疑正面對傳承的問題。

[85] 資深戲棚搭建技藝師傅陳煜光訪問，2021年6月30日。

[86] 佛教三角碼頭盂蘭勝會考察筆記，2012年9月9日至11日。

[87] 據行內人士指出，搭建和清理竹棚前後須花費約兩星期，但是鋁金屬棚架安裝只用半天時間便可使用。詳見徐振邦：《七月講鬼》(香港：次文化堂，2014年)，頁42-49。

[88] 周樹佳：《鬼月鈎沉：中元、盂蘭、餓鬼節》(香港：中華書局，2015年)，頁201-203。

[89] 大江埔盂蘭勝會徐嘉安訪問，2021年8月13日。

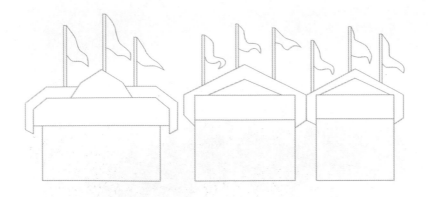

場地佈置簡介

1. **神棚**

   神棚又稱天地父母棚或神廠,為盂蘭勝會的主壇。善信進入會場後,大都會在此上香,祈福許願和酬謝神恩。一般來說,神棚是一個典型的兩進式金字頂竹棚,前進設有一個神壇,案上前排擺放「天地父母」、「南辰北斗」、「諸位福神」和地區神靈等各神明的香爐;後進則擺放各式酬神貢品,以及用於供競投的福品。神棚內還有許多擺設,在正後方靠近牆壁的位置或會掛有數組巨大的紙製帝冠、腰帶和長靴,分別獻給天地父母、南辰北斗和諸位福神的神衣,以酬謝神恩。此外,棚內四周懸掛一串串的潮式金銀,又稱金絲吊[90]。神壇前常見有三支「蟠龍大香」,背後豎立綑着紅繡球的青竹彩聯。蟠龍大香約有兩米高,一般來說它們會在三天會期內通宵達旦地點燃,直到盂蘭勝會結束時,三支大香也同告燒盡。盂蘭勝會的會場工作人員會不時觀察和控制大香的燃燒狀態,下雨時會為大香裝上雨傘擋雨;大香燃燒得過猛時會灑水降溫、減慢燃燒速度。[91]

2. **神袍棚**

   神袍棚又稱袍臺,棚的上方會寫有盂蘭勝會團體的名稱,或是「合境平安」、「神恩庇佑」等吉利字句,又或是直接指明這是神袍棚[92]。棚內一般會有三件大神袍,分別獻給天地父母、南辰北斗和諸位福神,目的是為神明更衣換袍,以酬謝神恩[93];而給其他神明穿着的小型神袍則不限數量[94]。大神袍的中央位置多設有立體紙紮龍頭裝飾,有些龍的雙眼還會發光。部份棚內還會有「金山」和「銀山」兩個大型紙紮、大量的潮州金絲吊、孤衣、溪錢、金銀紙和元寶等[95]。這些紙紮製品都會在盂蘭勝會結束前化掉。

神棚又稱天地父母棚或神廠，善信會在此上香、祈福和酬謝神恩。圖為 2013
年牛頭角潮僑街坊盂蘭勝會的神棚。

神袍棚內一般會有三件大神袍，分別是天地父母、南辰北斗和諸位福神。圖為
2013 年慈雲山竹園邨鳳德邨潮僑街坊盂蘭勝會的神袍棚。

[90] 胡炎松：《盂蘭的故事》(香港：三聯書店，2019 年)，頁 41。
[91] 旺角潮僑盂蘭勝會考察筆記，2021 年 8 月 17 至 19 日。
[92] 陳蒨：《潮籍盂蘭勝會：非物質文化遺產、集體回憶與身份認同》(香港：中華書局，2015 年)，頁 59。
[93] 胡炎松：《盂蘭的故事》(香港：三聯書店，2019 年)，頁 42-43。
[94] 陳蒨：《潮籍盂蘭勝會：非物質文化遺產、集體回憶與身份認同》(香港：中華書局，2015 年)，頁 59。
[95] 陳蒨：《潮籍盂蘭勝會：非物質文化遺產、集體回憶與身份認同》(香港：中華書局，2015 年)，頁 60。

經師棚主要採用黃色和紅色，棚內的掛帳以多進式佈置，掛帳以金銀線繡上精緻刺繡，為經師誦經和舉行佛教儀式的神聖空間。圖為 2013 年李鄭屋麗閣潮籍盂蘭勝會的經師棚。

3. 神馬棚

神馬是一隻紅色紙紮大馬，又稱「馬爺」。神馬一般約兩米高，口含春草[96]，背掛潮州大金。盂蘭勝會的最後一天，神馬會被化掉，載着神明的供品和大眾的心願返回天庭。[97]

4. 經師棚

香港潮人盂蘭一般會採用潮州佛教儀式，經師以潮州話誦唸經文，以廟堂音樂作伴奏。經師棚又稱普渡壇，是經師誦經和舉行儀式的神聖空間。經師棚採用黃色和紅色為主，棚內的裝潢掛帳三進式佈置，掛帳以金銀線繡上的精緻刺繡。經師棚的中央前方會懸掛三寶佛畫像[98]，棚的左方供奉文殊菩薩和觀世音菩薩，其右方供奉普賢菩薩、大勢至菩薩和地藏。神壇前則置有長方形黃色疏筒，貼有法事儀式名稱。每次法事儀式完成後，總理或長老把疏筒連同白紙鶴[99]、大金和元寶一併火化。經師棚前置有香爐，供善信上香跪拜。

5. 戲棚

戲棚又稱神功戲棚。一般而言，戲棚的位置會正對着神棚。主辦單位按照傳統搭建戲棚、上演潮劇神功戲，可供神明觀賞；同時為街坊帶來娛樂，可謂人神共樂。所以盂蘭神功戲既娛神，也是娛人。他們相信這種善行可獲功德果報，故稱為神功戲，有為自己和祖先做功德的意思。從前，戲棚入口置有鐵欄分隔左右，通常男座為左，女座為右。時至今日，很多戲棚已不太講究男女分座，甚至部份戲棚不會預先排列座位，讓觀眾隨意任坐。

神馬化掉後,代表其帶着善信的祈求返回天庭。圖為 2013 年秀茂坪
潮僑街坊盂蘭勝會的神馬棚。

戲棚的位置通常會正對着神棚,上演潮劇神功戲,供神明觀賞。圖為
2012 年長沙灣潮籍盂蘭勝會的戲棚。

[96]　春草是神馬的糧食。
[97]　胡炎松:《盂蘭的故事》(香港:三聯書店,2019 年),頁 50-51。
[98]　三寶佛的位置:中為釋迦牟尼佛、左為東方藥師佛及右為阿彌陀佛。
[99]　白紙鶴負責將疏筒呈報天庭。

辦事處多設於勝會會場的入口附近，工作人員會在此處理公務，包括收集善信捐款，部份較大型的盂蘭勝會更設有會客廳。圖為 2013 年秀茂坪潮僑街坊盂蘭勝會的辦事處和會客廳。

6. 辦事處

　　辦事處多數設於靠近盂蘭勝會會場的入口處，並座落於神棚兩側，是盂蘭勝會工作人員的辦公地點，負責處理公務，包括收集善信捐款。工作人員記錄每一位街坊善信的姓名和捐款，隨後張貼在金榜上。辦事處亦會提供茶水服務，方便工作人員在烈日下休息。部份較大型的盂蘭勝會更設有會客廳，用作接待賓客及政府官員等。[100]

7. 米棚

　　米棚又稱孤棚，顧名思義，主要是擺放善信捐贈白米的地方。在盂蘭勝會第三天的放焰口儀式後，盂蘭團體將白米分發給有需要人士，達致救濟施貧之目的。隨着香港社會福利制度日趨完善，派米賑濟窮人的功能逐漸減少，善信相信食用過這些白米可保佑平安，故又稱平安米。所以，派發平安米不單是救濟慈善活動，更逐漸演變成祈求平安的習俗。

　　部份米棚會於盂蘭勝會第三天同時放置由食物堆疊而成的五座小山，分別為甜飯山（糯米）、白飯山、包山、麵線山和通菜山。小山的體型可大可小，大的有五尺高，小的則約兩尺高。

部份米棚還會放置甜飯山（糯米）、白飯山、包山、麵線山和通菜山，還有十多個竹籮祭品。圖為 2011 年沙田潮僑街坊盂蘭勝會的米棚。

米棚儲放一袋袋由善信捐贈的白米，盂蘭團體在儀式結束後會派發白米，救濟施貧。圖為昔日佛教三角碼頭盂蘭勝會米棚。

除此之外，有些盂蘭勝會場地的米棚會擺放十多個竹籮，每一個竹籮都配搭了不少祭品，包括有白飯、甜飯、芽菜、豆腐、魚、雞和水果等，工作人員會定時在這些祭品插上香支。盂蘭勝會結束後，有部份盂蘭團體會視這些祭品為福品，派發予信眾。

另外，部份米棚亦會放有各種由街坊善信捐贈的日用品，如餅乾、即食麵、毛巾、雨傘等，派發給有需要人士，達致行善積德的功能。

[100]　旺角潮僑盂蘭勝會考察筆記，2021 年 8 月 17 日至 19 日。

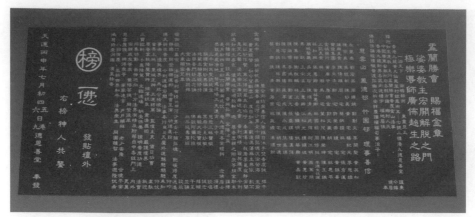

金榜用作公佈捐款街坊善信及其捐贈金額,表彰善信的德行。圖為 2013 年慈雲山竹園邨鳳
德邨潮僑街坊盂蘭勝會的金榜。

8. 金榜

金榜通常設於入口或辦事處旁邊,用作公佈捐款街坊善信及其
捐贈金額,表彰善信的德行。盂蘭勝會開始前,主辦單位便會
張貼金榜,俗稱「掛榜」,當年捐款最多之善信會位於金榜榜首,
以示尊重。盂蘭勝會期間,工作人員會記錄捐款街坊善信的姓
名和捐款數目,隨即張貼在金榜上,又稱為「金榜題名」。盂蘭
勝會結束後,金榜會擺放在紅馬背上一同化掉,寓意紅馬會將
盂蘭勝會籌辦者和善信的善行帶返回天庭。

金榜上亦會張貼盂蘭勝會普渡金章,詳細交代盂蘭勝會的緣
由、所屬社區、三天儀式內容和籌辦者名單。[101]

9. 廚房

有部份盂蘭勝會會在會場自設廚房,負責在為期三天的勝會期
間提供理事和工作人員伙食。廚房常備有大鍋潮州粥和各式傳
統潮汕小食,如菜脯、鹹菜等[102]。廚房更會負責製作甜飯山和
白飯山等祭品。

10. 大士臺

大士王有多個別稱,有「鬼王」、「面燃大士」、「大士爺」和「焰
口鬼王」等,稱呼不一[103]。盂蘭勝會的大士王造型樣式多變,
按族群分為潮州、鶴佬和廣府[104]。據說大士王是觀音的化身,
樣貌兇惡猙獰,用意是鎮攝鬼魂。大士王負責鎮守盂蘭場地,
維持場內秩序,監察分衣施食。傳統上,大士臺的正面朝向經
師棚,其旁會懸掛大型幢幡,有招魂的作用[105]。大士臺多用藍
色作佈置,展示的方法分為兩種:紙紮與畫像。據 2021 年的
田野考察,旺角潮僑盂蘭勝會的大士王紙紮像約有兩至三層樓
高,大士王頭戴冠帽,額前有觀音像,擁有青面獠牙;雙腳直立,

傳統上的大士臺須正面朝向經師棚，旁邊是
孤魂台。圖為 2013 年牛頭角潮僑街坊盂蘭
勝會的大士臺。

2014 年潮州南安堂福利協進會盂蘭勝會的
廚房。

有部份盂蘭勝會的大士臺只會懸掛一幅大士
王的畫像。圖為 2013 年西貢區盂蘭勝會的
大士臺。

潮人盂蘭勝會的大士王是觀音的化身，樣貌
兇惡猙獰，負責鎮守盂蘭場地，維持場內秩
序。圖為 2014 年沙田潮僑街坊盂蘭勝會的
大士臺。

右手微微抬起，左手高舉印有「喃嘸阿彌陀佛」的文字，屬於典
型的潮州大士王[106]。有部份盂蘭勝會紙紮大士王的眼睛甚至
會發光。由於傳統慣例、場地限制和經濟條件等因素，有部份
盂蘭勝會只會懸掛一幅大士王的畫像[107]。盂蘭勝會第三天下
午，放焰口儀式完成後，工作人員會親自恭送大士爺，送往化寶
爐火化，隨後派米活動正式開始。

[101] 胡炎松：《盂蘭的故事》(香港：三聯書店，2019 年)，頁 36-37。
[102] 西貢區盂蘭勝會考察筆記，2021 年 9 月 3 日至 4 日。
[103] 潮汕地區稱孤王，又稱「面燃大士」，亦即鬼王，潮汕人稱為「孤聖老爺」。
[104] 胡炎松：《盂蘭的故事》(香港：三聯書店，2019 年)，頁 72-73。
[105] 胡炎松：《盂蘭的故事》(香港：三聯書店，2019 年)，頁 72-73。
[106] 旺角潮僑盂蘭勝會考察筆記，2021 年 8 月 17 日至 19 日。
[107] 西貢區盂蘭勝會考察筆記，2021 年 9 月 3 日至 4 日。

孤魂臺多數採用藍色和白色為主調，臺外掛上幡杆燈籠。圖為 2013 年秀茂坪潮僑街坊盂蘭勝會的孤魂臺。

11. 孤魂臺

孤魂臺又稱祭孤臺。孤魂臺多數採用藍色和白色為主調，盡力避免陽光照射臺內。臺外懸掛幡杆燈籠，用作召喚各方無主孤魂，前來接受分衣施食。有說幡燈的高度和接引的孤魂數量是成正比的，如果祭品不夠，幡燈不能懸掛太高，否則引致孤魂爭食，秩序大亂[108]。一般而言，孤魂臺旁邊多數是大士臺，對面是經師棚，方便孤魂聞經聽法，早日脫離地獄之苦。棚內一般擺放三個牌位，通常是「附薦臺上各姓過去祖先之座」、「孤魂由子之座」和「本區轄內罹難幽魂之座」。基於場地限制等因素，有的孤魂臺與附薦臺會共用一棚，附薦先人的蓮位則設在後方。

12. 附薦臺

孤魂臺旁邊通常為附薦臺，同樣是以藍、白色作佈置，供信眾附薦祖先的地方。街坊信眾捐獻一筆香油錢，便可以用附薦名義，安設牌位，讓祖先前來聽經聞法，以盡孝心。盂蘭勝會舉行期間，街坊亦可以帶備祭品拜祭祖先，甚至準備衣紙衣包，在會場內使用化寶爐焚燒給附薦的親人。

信眾捐獻香油錢後可以用附薦名義，安設牌位，讓祖先前來聽經聞法，以盡孝心。圖為 2013 年牛頭角潮僑街坊盂蘭勝會的附薦臺。

深井潮僑街坊盂蘭勝會設有附薦牌位，並張貼通告宣傳：

> 附薦是傳統宗教儀式之一，藉以表達對往生的親友的思念。超薦先親（即附薦）可讓先人早登蓮邦，在世者亦可放下鬱結，得到安樂。本會有見及此，本會舉辦附薦供各位潮僑街坊，如果各位潮僑街坊有這心願者，可先向本會填表登記附薦好讓祖先，先人，嬰靈的蓮位於法會道壇場內供奉，再由法師誦經超渡，冥陽兩利。無論先人離世多久，均可作附薦，亦可為在世親友（延生）祈求增福延壽，遠離災劫。
>
> 各位潮僑街坊可藉此追悼先親眷屬或為健在親友祈福增壽。
>
> 今次附薦名額為 200 蓮位以先登記額滿即止。[109]

[108]　西貢區盂蘭勝會總理胡炎松訪問，2021 年 9 月 3 日至 4 日。
[109]　深井潮僑街坊盂蘭勝會考察筆記，2016 年 8 月 20 日至 21 日。

2022 年，西貢區盂蘭勝會已舉辦了 68 屆。圖為 1970 年代的西貢區盂蘭勝會。

第二節　香港潮人盂蘭勝會儀式流程——
　　　　以西貢區盂蘭勝會為例

香港潮人盂蘭勝會活動，一般為期三天，流程大同小異，按照盂蘭會的傳統而定。2022 年，西貢區盂蘭勝會已舉辦 68 屆，起初多為蠔涌鹿尾村居民參與，後來西貢市中心的潮州人陸續參與，現在每年農曆七月廿七至廿九日舉行。

以下為西貢區盂蘭勝會流程：[110]

時間	活動	地點
農曆七月初一	上午 10 時 開孤門	關大德廟
第一天儀式	上午 10 時 30 分 請神	盂蘭場、關大德廟、 盂蘭場
	上午 11 時 安爐（安爐上座）	神棚
	下午 2 時 發關	經師棚
	下午 3 時 啟請	經師棚
	下午 3 時 45 分 召大士王及孤魂	神棚、大士臺、 孤魂臺、附薦臺、神馬
	晚上 8 時 走供	經師棚

［香港非物質文化遺產系列：香港潮人盂蘭勝會］

時間	活動	地點
第二天儀式	上午 11 時 午供	經師棚、大士臺、 孤魂臺、神馬
	晚上 7 時至 8 時 齋宴	會場
	晚上 7 時至 10 時 福品競投	神棚
	晚上 9 時至 10 時 禮普門祈福	經師棚
第三天儀式	上午 8 時 30 分 豎幡	經師棚、米棚
	上午 10 時 金山十獻	經師棚、神棚
	上午 11 時 午供	經師棚、大士臺、 孤魂臺、神馬
	中午 12 時 祭好兄弟	經師棚、大士臺、 孤魂臺
	下午 1 時 放焰口	經師棚
	下午 3 時 30 分 化大士	大士臺、孤魂臺、 附薦臺
	下午 3 時 45 分 派平安米	米棚
	下午 4 時 30 分 派金豬福品	辦事處
	晚上 8 時至 10 時 福品競投	神棚
	晚上 8 時 30 分 北斗祈福延壽	經師棚
	晚上 9 時 30 分 謝佛散旗	經師棚
	晚上 10 時 謝天地	神棚、神袍棚、 神馬棚
	晚上 10 時 30 分 送神回廟	盂蘭場、關大德廟
	晚上 11 時前 關孤門	關大德廟

[110]　胡炎松：《西貢區盂蘭勝會六十周年紀念特刊》(香港:西貢區盂蘭勝會有限公司，2014 年 7 月)，
　　　　頁 36-42；及胡炎松先生提供。

西貢區盂蘭勝會的請神隊從會場出發,前往關大德元帥廟請出神明香爐。

農曆七月開始

開孤門

所謂「各處鄉村各處例」,開孤門的儀式各地稍異。農曆七月初一盂蘭會前往指定地點或當區廟宇進行「開孤門」儀式。以西貢區盂蘭勝會為例,總理、理事等人會敬備元寶、蠟燭等祭品,前往關大德廟拜祭,並把廟宇門前的竹竿燈籠內的燈泡開關打開,再由總理或長老打開廟宇大門同時高喊「開孤門」,象徵「鬼門關」正式開啟;孤魂憑關文前來陽間,參與盂蘭勝會[111]。有的盂蘭會不直接稱呼為「開孤門」,如西環盂蘭勝會在美菲閣小巷搭建神棚,於早上 11 時舉行「拜神」儀式。

盂蘭勝會舉行期間

第一天儀式流程

請神

香港潮人盂蘭勝會第一天早上,由請神儀式開始,用意是邀請神明到場參與。請神隊伍會從盂蘭勝會會場出發,前往區內主要供奉的廟宇,由總理或長老請出香爐,並安置在香爐擔,代表諸神的香火。請神過程中會「遊神」,即是在返回會場途中,把香火抬到區內主要的街道及建築物,藉此祈求神明保佑區內街坊平安和順境[112]。潮人盂蘭請神的數量沒有劃一的標準,因應盂蘭團體各自的傳統而定,不過有三個香爐是不可或缺的,就是天地父母、南辰北斗和諸位福神。另外每一個盂蘭團體亦會因應自身的傳統,迎請不同神明駕臨盂蘭勝會場地。[113]

有的盂蘭團體的請神隊會乘專車跨區請神，或巡遊到
訪地區店舖。圖為 2012 年佛教三角碼頭盂蘭勝會的
請神隊伍。

在西貢區盂蘭勝會的請神儀式中，請神隊會從會場出發，前往鄰近的關大德元帥廟，並由總理或長老請出香爐。這座關大德元帥廟的由來是最初附近村民發現魚塘荒地有一塊石頭，便把它當作土地神參拜。該石被供奉在一間小木屋內，後來村民將木屋以石料改建為規模細小的廟宇。直至 1970 年代，鹿尾村有扶乩手發現這石頭所供奉的並非土地神，而是由南海觀音娘娘派遣的關大德，是屬於元帥級的保護神。自此，西貢區盂蘭勝會便供奉關大德元帥為主神[114]。總理或長老請出神明香爐後，請神隊便會攜着香爐巡遊鹿尾村路作「遊神」，以祈求神明保佑區內居民；最後折返會場，結束請神儀式。[115]

有的盂蘭團體更會跨區迎請神靈，或巡遊到訪地區店舖。潮州公和堂盂蘭勝會的請神路線橫跨港島不同地區。他們約在早上 11 時由會場出發，乘車前往銅鑼灣天后古廟、大坑蓮花宮和大坑福德古廟請出神明的香火，其後又到薄扶林墳場附近請孤魂，接着到跑馬地譚公廟請神，然後到掃桿埔請孤魂，最後便折返會場[116]。潮州公和堂盂蘭勝會的理事長解釋，1918 年馬場大火，600 多人喪命，掃桿埔馬棚先友墳場安葬遇難的中外人士，潮州公和堂盂蘭勝會將掃桿埔列入請神路線，藉此超渡亡魂。除此以外，請神路線還會經過薄扶林臨海處，據說從前該處附近為潮州山（潮州墳場）的遺址，所以專程迎請「好兄弟」到盂蘭勝會會場。

[111] 陳蒨:《潮籍盂蘭勝會:非物質文化遺產、集體回憶與身份認同》(香港:中華書局，2015 年)，頁 115；及胡炎松先生提供。

[112] 西貢區盂蘭勝會考察筆記，2013 年 9 月 2 日至 4 日。

[113] 沙田潮僑街坊盂蘭勝會長老許貞賢回憶，1970 年代初，自從該會成功恭請車公到會場後，車公便成為坐鎮沙田潮僑街坊盂蘭勝會的神明之一。詳見沙田潮僑街坊盂蘭勝會長老許貞賢訪問，2014 年 2 月 11 日。

[114] 西貢區盂蘭勝會考察筆記，2013 年 9 月 2 日至 4 日。

[115] 西貢區盂蘭勝會考察筆記，2013 年 9 月 2 日至 4 日。

[116] 潮州公和堂盂蘭勝會請神儀式考察筆記，2021 年 8 月 28 日。

圖為 2012 年沙田潮僑街坊盂蘭勝會的請神隊伍。

從前交通不發達，盂蘭團體會徒步請神，時至今日，部份會改為乘坐專車，並於事前聯絡有關當局作出配合。如每年紅磡三約潮僑盂蘭友誼會在請神前須向當區警署申請，附函詳細交代請神路線。[117]

1. 起點：蕪湖街遊樂場
2. 馬頭圍道北帝廟
3. 寶其利街土地廟
4. 差館里觀音廟
5. 蕪湖街 165-175 號外紅磡三約潮僑盂蘭友誼會
6. 終點：蕪湖街遊樂場

又如佛教三角碼頭盂蘭勝會的請神儀式是在早上齊集於干諾道西孤門棚，請出天地父母、南辰北斗和諸位福神香爐，排列首位的理事負責提「花水桶」，沿途灑淨除穢氣；隨後由「馬頭鑼」開路，兩名成員各執彩聯一端；接着由長老行前，理事和街坊善信隨後，由皇后街轉入德輔道西會址樓下，置有一個臨時小神壇，供奉佛祖。據盂蘭團體成員分享，佛祖神像已在會址供奉約有數十年，原是一位善信從泰國請過來供奉，後因有事未能繼續在家供奉，於是委託佛教三角碼頭盂蘭勝會代為供奉。接着盂蘭團體成員返回干諾道西神棚將神明請上貨車，舉行巡遊儀式，路線途經永樂街、高陞街、東邊街、正街，最後駛到中山公園盂蘭會場。[118]

請神儀式後，總理和長老把香爐安放在天地父母棚。圖為 2013 年西貢區盂蘭勝會。

迎神上座

西貢區盂蘭勝會的請神隊抵達會場後，隨即便會進行安爐上座儀式，由總理或長老將神明香爐供奉在天地父母棚香案內，並帶領理事和工作人員向眾香爐進香叩拜，祈求風調雨順，合境平安。接着天地父母棚開放予善信、街坊拜祭，以酬謝神恩。[119]

發關

經師棚神壇前中央會放置「通冥使者」，造型是騎着「白色飛龍馬」的使者，手持關函[120]。經師念誦《發關章》經文，完成後由總理或長老將紙紮通冥使者和白馬送往化寶爐化掉，象徵通冥使者騎白馬赴陰間，接引孤魂野鬼到陽間參與盂蘭勝會。[121]

啟請

啟請儀式目的為恭迎佛祖、菩薩和諸神賀臨盂蘭場，加持法會，見證盂蘭勝會的功德法事，讓孤魂聞經聽法。經師會火化疏文、元寶和仙鶴，寓意使者乘着仙鶴，將疏文呈奏上天。[122]

[117] 紅磡三約潮僑盂蘭友誼會劉健海訪問，2019 年 3 月 29 日。
[118] 佛教三角碼頭盂蘭勝會考察筆記，2012 年 9 月 9 日至 11 日。
[119] 西貢區盂蘭勝會考察筆記，2013 年 9 月 2 日至 4 日。
[120] 西貢區盂蘭勝會考察筆記，2013 年 9 月 2 日至 4 日。
[121] 西貢區盂蘭勝會考察筆記，2013 年 9 月 2 日至 4 日。
[122] 陳蒨：《潮籍盂蘭勝會：非物質文化遺產、集體回憶與身份認同》(香港:中華書局，2015 年)，頁 121;胡炎松：《盂蘭的故事》(香港:三聯書店，2019 年)，頁 92。

「走供」是恭迎諸佛和神明降臨的儀式，目的是恭迎佛祖、菩薩和諸神駕臨神棚，見證三天的功德法事。圖為 2013 年荃灣潮僑盂蘭勝會的走供儀式。

開光、安爐

發關、啟請儀式後，西貢區盂蘭勝會的經師會依次到天地父母棚、大士臺和孤魂臺各爐位前誦經開光[123]。經師會帶領西貢區盂蘭勝會理事，到達天地父母棚上香供奉諸神；接着到大士臺前誦經，召大士王；然後到孤魂臺前誦經，召孤魂野鬼。開光次序有分先後，是因為要先請大士王到盂蘭勝會會場「坐鎮」，監管即將前來的孤魂野鬼，防止騷擾法會。其後就會安放代表大士王和孤魂野鬼的香爐，是為「安大士」和「安孤魂」。

走供

走供又稱「金山啟請」，是恭迎諸佛和神明降臨的儀式，一般會在晚上舉行[124]。西貢區盂蘭勝會的走供儀式在晚上 8 時舉行，經師隊在經師棚上誦經，手持不同法器，隨着伴奏樂聲在壇前來回踱步，時而左穿右插，時而疾走，目的是恭迎佛祖、菩薩和諸神駕臨神棚，見證三天的功德法事。[125]

走五土儀式並不是每個盂蘭勝會都有舉行，如從德善社負責的有佛教三角碼頭街坊盂蘭勝會和長沙灣潮籍盂蘭勝會。圖為 2013 年佛教三角碼頭盂蘭勝會的走五土。

第二天儀式流程

午供

所謂「過午不食」，但不少佛社因應傳統或慣例，舉行時間略有不同。西貢區盂蘭勝會的經師會在壇前誦經，供養佛祖、菩薩和諸神，及後經師會引領眾理事到神棚、大士臺和孤魂臺前誦經進香。[126]

第三天儀式流程

豎幡科儀

第三天的早上西貢區盂蘭勝會會進行豎幡科儀，經師念誦經文，恭請五方護法到場維持盂蘭勝會的秩序。誦經完畢後，便將五枝鶴幡懸掛在米棚東、南、西、北和中央共五個方位。[127]

鶴幡象徵東、南、西、北和中央五個方位的護法，豎立在米棚前，可以防止邪魔外道胡亂搶奪祭品。[128]

[123] 胡炎松：《西貢區盂蘭勝會六十周年紀念特刊》，(香港：西貢區盂蘭勝會有限公司，2014 年 7 月)，頁 38。
[124] 西貢區盂蘭勝會考察筆記，2013 年 9 月 2 日至 4 日。
[125] 西貢區盂蘭勝會考察筆記，2013 年 9 月 2 日至 4 日。
[126] 西貢區盂蘭勝會考察筆記，2013 年 9 月 2 日至 4 日。
[127] 西貢區盂蘭勝會考察筆記，2013 年 9 月 2 日至 4 日。
[128] 西貢區盂蘭勝會考察筆記，2013 年 9 月 2 日至 4 日。

放焰口儀式尾段,上師會向壇外撒出以糯米粉做成的孤蕾粿,
善信紛紛搶奪,希望吃過後可保平安。圖為西貢區盂蘭勝會的
放焰口儀式。

金山十獻

緊接豎幡科儀,西貢區盂蘭勝會會安排十名輩份較高的組織成員
在經師棚內向佛祖獻寶。十獻意思是向佛祖獻出十件寶物,計有花
(鮮花)、香(檀香)、燈(油燈)、塗(香水)、果(水果)、茶(茶葉)、食(白
米)、寶(如意)、珠(佛珠)、衣(袈裟),寶物會由經師誦經,並逐一
交到各成員手上,隨後經師會帶領盂蘭會代表把「十寶」移送至
神棚內供奉眾神明。[129]

拜「好兄弟」

拜「好兄弟」是指祭祀同鄉的孤魂。西貢區盂蘭勝會的全體理事
和長老會在中午 12 時齊集盂蘭勝會會場,先在天地父母棚進香叩
拜,以祈求神明保佑;隨後會依次到經師棚、大士臺和孤魂臺進
香拜祭好兄弟。[130]

放焰口

餓鬼身形枯瘦、咽喉細如針、肚腹漲大、口吐火焰,凡進食任何
食物,皆化為灰燼。放焰口儀式會在經師棚進行,屬於施食餓鬼
的儀式。

儀式開始前,主持的經師會戴上五冠佛冠,轉化為上師。西貢區
盂蘭勝會的總理或長老會在上師面前進香禮拜,進行「請師」儀
式。其後上師帶領一眾經師手持「手香爐」法器「出位」,即是由
經師分別到神棚、大士臺、孤魂臺和附薦臺前上香禮拜,多位西

放焰口儀式完結後，工作人員便會緊接火化大士王、幢幡、先人附薦位等紙紮祭品。圖為 2013 年潮州公和堂盂蘭勝會的化大士儀式。

圖為 2013 年長沙灣潮籍盂蘭勝會的化大士儀式。

貢區盂蘭勝會理事也會參與進香。完成後，上師帶領經師返回經師棚壇前，上師登座說法，誦經迎請菩薩，然後口唸「變食真言」的咒語、手結法印，召請孤魂餓鬼蒞臨壇前聞法聽經[131]。咒語和手結法印也可為孤魂眾生消罪孽滅障礙，使其在佛法的加持下得以施以甘露開其咽喉，讓餓鬼享食至圓滿[132]。在儀式尾段，上師向壇外撒出以糯米粉做成的孤蕾粿（又稱石榴仔），由於孤蕾粿曾受佛法加持，故吸引善信爭相搶奪，希望吃過後可保平安。[133]

化大士

放焰口儀式完結後，西貢區盂蘭勝會的工作人員陸續火化大士王、幢幡、先人附薦位、孤魂衣紙、金銀元寶等紙紮祭品，接着工作人員會把孤魂臺、附薦臺和大士王棚的香爐倒放，並撕走部份棚內的佈置，寓意恭送大士王，同時示意孤魂不要再停留盂蘭場。

北斗祈福延壽

西貢區盂蘭勝會的經師棚壇前置有七支北斗寶幡，由七名經師誦經，主要為街坊祈福延壽。理事和信眾可以到壇前排隊跪拜，以祈福許願。信眾可在旁邊放有置的斗砵作隨意捐獻。

[129] 西貢區盂蘭勝會考察筆記，2021 年 9 月 3 日至 4 日。
[130] 西貢區盂蘭勝會考察筆記，2013 年 9 月 2 日至 4 日。
[131] 西貢區盂蘭勝會考察筆記，2013 年 9 月 2 日至 4 日。
[132] 西貢區盂蘭勝會考察筆記，2013 年 9 月 2 日至 4 日。
[133] 旺角潮僑盂蘭勝會考察筆記，2021 年 8 月 17 日至 19 日。

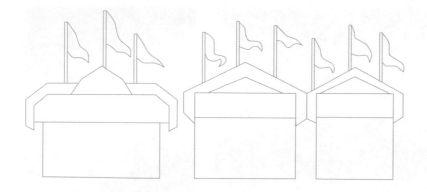

儀式最後由七位理事各手捧福斗寶幡，另有四位理事捧着壽桃盤、壽麵盤、水果盤、糕包盤等祭品請回關大德元帥廟。福斗寶幡內的白米可供分發給各理事以保平安納福。而總理則負責將七個紅包利是放入福斗桶內，並將福斗桶送回經師棚。儀式完成後，部份盂蘭勝會組織成員可以將木桶帶回家供奉。[134]

謝佛散旗

在佛祖座下金童、玉女帶領下，恭送佛祖、菩薩、諸神離開盂蘭場，以證這三天之加持儀式[135]。西貢區盂蘭勝會在謝佛散旗儀式中，當金童、玉女已恭送佛祖和諸神離去，便會請總理或長老把金童、玉女、大金元寶等紙紮品，送往化寶爐化掉，代表為期三天的盂蘭勝會的法事儀式圓滿結束。[136]

謝天地

西貢區盂蘭勝會的總理或長老會向天地父母跪拜，並獻上紙紮祭品，隨後將紙紮祭品送往化寶爐，同時象徵為期三天的西貢區盂蘭勝會已完結[137]。其中化掉的紙紮神馬頸部綁着金銀元寶及寫有捐款善信姓名的金榜；火化神馬，代表神馬將捐款的善信的心願，呈奏上天。

送神回廟

送神隊伍的規模一般較請神隊伍為少。西貢區盂蘭勝會的送神隊伍會在會場以花水灑淨除穢氣，然後由長老或總理從神棚內請出眾神明香爐，並由送神隊伍將香爐逐一送回廟宇供奉，而送神隊需在晚上 11 時前完成送神回廟儀式，以代表盂蘭勝會功德圓滿。[138]

但是部份地區盂蘭勝會因神明眾多，會在翌日早上才進行送神回廟儀式。

三角碼頭盂蘭勝會獲得很多西區潮州商戶贊助平安米、雜糧、
衣物等贈送給貧民 。圖為昔日三角碼頭盂蘭勝會的派米情況。

農曆七月結束

關孤門

在盂蘭勝會最後一天，送神儀式結束後，有部份盂蘭勝會組織會
在地區供奉主神的廟宇或進行關孤門儀式。以西貢區盂蘭勝會為
例，盂蘭勝會總理等人會進香參拜，熄滅在關大德廟前竹竿燈籠
內的燈火，然後關上廟前大門，代表通往地府的大門正式關閉，
為期三日的盂蘭勝會宣告功德圓滿。

[134] 西貢區盂蘭勝會考察筆記，2013 年 9 月 2 日至 4 日。
[135] 陳蒨:《潮籍盂蘭勝會:非物質文化遺產、集體回憶與身份認同》(香港:中華書局，2015 年)，頁 115。
[136] 胡炎松:《西貢區盂蘭勝會六十周年紀念特刊》(香港:西貢區盂蘭勝會有限公司，2014 年 7 月)，頁 42。
[137] 胡炎松:《西貢區盂蘭勝會六十周年紀念特刊》(香港:西貢區盂蘭勝會有限公司，2014 年 7 月)，頁 42。
[138] 胡炎松:《西貢區盂蘭勝會六十周年紀念特刊》(香港:西貢區盂蘭勝會有限公司，2014 年 7 月)，頁 42。

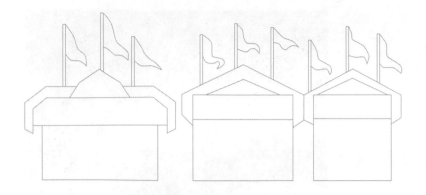

第三節　派米濟貧

盂蘭派米概況

盂蘭勝會在香港發展至今，勝會結束後一般都會有派發「平安米」的活動。有說盂蘭勝會派米之舉是源於當時的潮州人以經營米舖居多，許多善長捐出白米施善救濟，為先人積福。如三角碼頭盂蘭勝會獲得很多西區潮州商戶的捐款，有的更贊助平安米，在 1965 年潮商黃岳等支持下，派發白米近 12,000 餘斤，另捐助大量日常用品，如雜糧和衣物等贈送給貧民[139]。到了 1974 年，派發白米增至二萬餘斤[140]。白米會放置於米棚，用於盂蘭勝會的最後一天的「放焰口」儀式，以布施孤魂餓鬼。胡炎松指出，在放焰口施食法事的意義上，白米本身有「靈氣」和「實型」兩種形態，人所吃的是白米的實型，施食儀式則給孤魂享用白米的「靈氣」[141]。經師棚內的上師通過誦經和結手印，能使白米「靈氣」增加千萬倍，並化為甘露美食，布施孤魂野鬼。儀式過後，白米的靈氣雖失，但街坊相信白米受經師誦經，吃了白米「實型」將獲諸神佛祖保佑。

> （東邊街渣甸橋盂蘭勝會）已昨午完壇結束，並由主會者，將街坊店號所捐送之米、糖、麵、餅餌、麵粉、瓜果蔬菜、及各種日用物品，派與貧民，往領取者，達三、四千人。[142]

從前香港社會福利不完善，平民百姓普遍窮困，盂蘭勝會派發白米分發給有需要的人，既可行善積德，亦避免浪費食物，達到濟貧救濟目的。派米活動通常在盂蘭勝會最後一天進行，很多長者早已聞風而到現場排隊輪候。一般來說，高僧完成結壇儀式，派米活動便正式展開，同場有警員維持秩序。潮州公和堂盂蘭勝會會長陳耀華記得，每次潮州公和堂有派米活動，他們都會準備約五公斤的白米派給每位輪候者，每次均吸引數以千計長者排隊輪

派米活動通常在盂蘭勝會最後一天進行。圖為 2013 年長沙灣潮僑盂蘭勝會。

候,場面熱鬧非常[143]。時至今天,香港市民物質生活普遍有所提升,排隊領取白米大多是長者,派米不單是一種慈善活動,更演變為祈求平安的習俗,故稱為派發「平安米」[144]。有的盂蘭勝會派米活動,不止派一斤白米,更自製福袋,內有各式乾糧、蔬菜、水果、日常用品等,為貧苦大眾帶來多點關懷。

部份盂蘭會派米概況列表:[145]

盂蘭會名稱	數量	派發方式
西環盂蘭勝會有限公司	4,000 公斤	現場派發
西貢區盂蘭勝會有限公司	5,000 公斤	現場派發
潮州公和堂聯誼會有限公司	3,000 公斤	捐贈區內有需要的團體,預留少量派發予善信
秀茂坪潮僑街坊盂蘭勝會	600 公斤	現場派發
慈德社有限公司天后古廟	1,200 公斤	現場派發
中區卅間街坊盂蘭會	3,000 斤	現場派發

[139] 〈各處舉行盂蘭勝會 分衣施食演戲酬神〉,《華僑日報》(1965 年 8 月 25 日)。
[140] 〈三角碼頭坊會建盂蘭法會〉,《華僑日報》(1974 年 9 月 10 日)。
[141] 西貢區盂蘭勝會考察筆記,2021 年 9 月 3 至 4 日。
[142] 〈東邊街近海傍 盂蘭會完壇〉,《華僑日報》(1951 年 8 月 27 日)。
[143] 潮州公和堂盂蘭勝會會長陳耀華先生和理事長蔡學勤先生訪問,2021 年 8 月 8 日。
[144] 有長者本非貧窮人士,仍特意排隊領取平安米,他們相信平安米獲神靈加持,每次煮飯會取出一撮平安米,加入飯煲一起煮食,寓意「長食長有」。
[145] 《盂蘭勝會保育工作委員會成員調查報告 2021》,未刊。

盂蘭會名稱	數量	派發方式
石排灣邨盂蘭勝會	1,200 公斤	現場派發
東頭村盂蘭勝會有限公司	300 公斤	現場派發
藍田街坊潮僑盂蘭勝會	1,200 公斤	現場派發
香港西區石塘咀潮僑盂蘭勝會	--	沒有派發
彩雲邨潮僑天德伯公盂蘭勝會	3,000 公斤	現場派發
潮州南安堂福利協進會	--	派發福品袋給會員
翠屏潮僑街坊盂蘭勝會	4,000 公斤	現場派發
慈雲山竹園鳳德邨潮僑盂蘭勝會	5,500 公斤	現場派發
九龍城潮僑盂蘭會有限公司	9,000 公斤	現場派發
尖沙咀官涌盂蘭勝會有限公司	800 公斤	現場派發
深井潮僑街坊盂蘭勝會有限公司	--	沒有派發
石籬福德善社有限公司	500 公斤	社區會堂派發
香港仔田灣邨華富邨華貴邨潮僑坊眾盂蘭勝會有限公司	1,200 公斤	現場派發
香港德教紫靖閣	1,000 公斤	現場派發
坪石邨街坊盂蘭勝會	--	沒有派發
黃大仙新蒲崗鳳凰村盂蘭勝會有限公司	3,000 公斤	現場派發
九龍公共小型巴士潮僑籍工商聯誼會	--	沒有派發

2005 年派米活動意外及其影響

派米活動深受市民歡迎，引來數千人排隊輪候，盂蘭勝會場內的人流擠得水洩不通，人群間接踵摩肩、你推我撞，容易引起混亂，不時會發生意外，使盂蘭團體深感頭痛。早在 1950 年代，部份盂蘭勝會的籌辦者為了避免分派祭品時出現失控的情況，已果斷採取相應措施，憑票派發祭品，以盡量維持場內秩序和保持分派物品的流暢度，可避免混亂和意外發生。

2005 年發生派米活動意外，促使政府規定盂蘭會派發的米包重量一律不超過一公斤。圖為 2012 年尖沙咀官涌街坊盂蘭勝會的派米橫額。

> （三角碼頭）潮僑街坊盂蘭勝會理事會，經定今（廿二）日下午完壇後，即將街坊店號所捐贈之各種食品什［雜］物等，分派與各貧民。為避免分派時秩序之紊亂起見，特改善分派辦法，特分貼通知，俾各貧民依照辦法領取。凡有意收受者，於是日下午二時以前，先行集中東邊街大光茶樓橫巷內候領單仔，以便憑票發給。分派時間至下午五時左右。[146]

事實上，很多市民冒着炎炎夏日的高溫，一大清早便到場排隊輪候，領取平安米，祈求獲得神明的祝福。然而，長者時有身體不適、暈倒，甚至跌倒受傷入院。儘管盂蘭團體不斷檢討派米活動安排，例如改為預先派籌方式，省卻輪候時間。又如增設帳篷，避免長者日曬雨淋，免受風吹雨打之苦。即使主辦單位加派人手，與警方互相配合，協助有需要人士，惟派米活動始終出現不少混亂和驚險的場面。2005 年 9 月，尖沙咀有團體派發平安米，吸引約 6,000 千名市民排隊輪候。其中一名 80 多歲老婦疑在走上隊前被大會設置的欄杆絆倒，懷疑其後引發心臟病而死亡 [147]。這宗慘劇直接促使政府介入，硬性規定盂蘭會派發的米包重量，一律不超過一公斤，以及禁止派發現金或米包以外的任何物品。主辦團體亦須購買第三者責任保險，投保金額視乎活動規模而定 [148]。當局明言此舉為減低長者排隊的意欲，藉此縮短輪候時間，以免再次發生不幸事件。[149]

[146]〈各處舉行盂蘭勝會 分衣施食演戲酬神〉，《華僑日報》(1965 年 8 月 25 日)。

[147]〈心急排隊仆倒疑心臟病發 八旬嫗趕領平安米送命〉，《星島日報》，(2005 年 9 月 3 日)。

[148] 除此以外，主辦團體須在場內提供座位和遮蔭的地方；主辦團體須考慮聘請護衛員，以協助控制場內人流；主辦團體須提供義工(例如每 50 包米由一名義工派發)；主辦團體須提供急救服務和後勤支援(例如帳幕和流動廁所)等。詳見立法會 CB(2)576/05-06(06)號文件「立法會民政事務委員會盂蘭節派米活動」。
https://www.legco.gov.hk/yr05-06/chinese/panels/ha/papers/ha1209cb2-576-6c.pdf。

[149] 立法會 CB(2)576/05-06(06)號文件「立法會民政事務委員會 盂蘭節派米活動」。
https://www.legco.gov.hk/yr05-06/chinese/panels/ha/papers/ha1209cb2-576-6c.pdf。

圖為 2013 年粉嶺潮僑盂蘭勝會宣傳「一人一包一公斤」平安米的海報。

2005 年 8 月至 9 月舉行的盂蘭節派米活動：[150]

地區	派米活動次數	康文署轄下的場地	房屋署轄下的場地	地政總署轄下的場地	私人場地
港島	10	6	1	1	2
九龍	35	20	9	1	5
新界	9	4	1	1	3
總數	54	30 (56%)	11 (20%)	3 (5%)	10 (19%)

1. 改善排隊秩序

不少盂蘭團體均反對政府的「限派令」，批評當局漠視貧困的基層大眾訴求。佛教三角碼頭盂蘭勝會主席陳運然指出，平安米對於窮苦大眾是非常重要，每人限取一公斤白米，對於那些長途跋涉、日曬雨淋，苦苦輪候數小時的小市民很不公平[151]。慘劇發生後，佛教三角碼頭盂蘭勝會進一步改善派米安排，所有傷殘人士和年老長者均不用排隊，優先取米[152]。2018 年有 1,700 人輪候平安米，當日經師完成放焰口儀式，主辦單位便舉行派米活動，預先安排 100 個帳篷，避免輪候者日曬雨淋，其中四個帳篷是用來安頓傷殘人士。主辦單位亦安排救傷隊隨時候命，事先警察會駐場維持秩序，場內亦有義工協助派米[153]。為了確保輪候者能領取平安米，大約下午 4 時半開始截「人龍」，接着 5 時正式派米，萬一平安米不足夠派發予所有輪候人士，便會立即出外補購。[154]

2012 年佛教三角碼頭盂蘭勝會捐米部執部記錄：[155]

捐米者姓名	數量	捐米者姓名	數量
李漢祥 郭沐蓮	25 公斤 / 4 包	麥少嫻	15 公斤 / 1 包
郭沐琴	25 公斤 / 4 包	蔡考斌	15 公斤 / 1 包
洪漢文	25 公斤 / 3 包	鄘玉儀	15 公斤 / 1 包
郭沐英	25 公斤 / 2 包	林佩慧	15 公斤 / 1 包
藍少文	25 公斤 / 1 包	程萬琦	25 公斤 / 1 包
袁麗蓮	25 公斤 / 1 包	仇詩英	25 公斤 / 1 包
劉姚淑賢	25 公斤 / 1 包	林雅蘭	25 公斤 / 1 包
張肇明	25 公斤 / 1 包	劉懿鹵	25 公斤 / 1 包
何淑儀	25 公斤 / 1 包	劉懿庭	25 公斤 / 1 包
周恩洪	25 公斤 / 1 包	符杏鸞	25 公斤 / 1 包
葉向榮	25 公斤 / 1 包	陳駿瑜	25 公斤 / 1 包
鄭霜華	25 公斤 / 1 包	英得海洋用品有限公司	15 公斤 / 1 包
關瑞蘭	15 公斤 / 1 包	郭李天穎	25 公斤 / 300 包
李淑玲	15 公斤 / 1 包	邱子閥	25 公斤 / 2 包

[150] 立法會 CB(2)576/05-06(06)號文件「立法會民政事務委員會 盂蘭節派米活動」。
https://www.legco.gov.hk/yr05-06/chinese/panels/ha/papers/ha1209cb2-576-6c.pdf。
[151] 〈老翁輪平安米曬到中暑〉,《東方日報》(2011 年 8 月 6 日)。
[152] 〈大混亂後急謀改善方法 政府出派米六招供團體自由選擇組合〉,《蘋果日報》(2005 年 9 月 7 日)。
[153] 為了答謝義工,主辦機構會贈送平安米或走供用的米。
[154] 佛教三角碼頭盂蘭勝會主席陳運然訪問,2019 年 6 月 12 日。
[155] 2012 年佛教三角碼頭盂蘭勝會捐款金榜。

派米活動的規管愈來愈多及繁複，2012 年潮州公和堂盂蘭勝會開始取消派發平安米，
改為向區內慈善團體捐贈白米，避免人潮問題，同時貫徹盂蘭勝會慈善濟貧的宗旨。
圖為 2013 年潮州公和堂宣佈取消派米的橫額。

2. 靈活派米形式

有的盂蘭團體採用其他形式，取代現場排隊輪候派米。如德教保慶
愛壇盂蘭勝會派發米券，在指定時間前往領取便可。

> 本壇盂蘭節，謹定於七月十五日，上午九時預先派發米券，
> 每人一張，派完為止，至下午五時後，憑米券換領平安福米
> 一包。[156]

又如從前農曆七月初一，渣甸橋東邊街盂蘭勝會在干諾道西建棚，
通知街坊善信即將有盂蘭勝會，善信可以自行到棚帳捐款，先領取
「福品卡」，而在盂蘭勝會結束當日，換領福品。[157]

3. 取消派米

有的盂蘭團體選擇直接取消派發平安米，改為將平安米和福品，捐
贈給區內慈善團體和老人院等，避免派米人潮帶來的問題，同時貫
徹盂蘭勝會慈善濟貧的宗旨。潮州公和堂盂蘭勝會理事長蔡學勤回
憶，從前派米活動是按「人頭」計算，即使手抱嬰兒都可領取一包平
安米。他感慨善信和街坊排隊這麼辛苦，多派一點絕對是好事。試過
有街坊領取太多平安米，一時搬動不得。有的甚至暫放在盂蘭場，請
求在場職員幫手看管，好讓他們如螞蟻搬家般將白米帶回家。有見
於派米活動的規管愈來愈多，申請程序繁複，例如派米前一天的晚
上不能預先擺放鐵欄、鐵欄之間要相隔兩尺、輪候人數一行不可超
過 20 人、排隊區須設有緩衝區、須要聘請急救員和救傷隊、須要購
買保險購買第三者責任保險云云。凡此種種的規定，潮州公和堂盂
蘭勝會一眾理事感到無所適從，終決定於 2012 年開始取消派發平

安米。潮州公和堂盂蘭勝會只會備有少量白米贈送善信，並改為向區內慈善團體捐贈白米，如資助聖雅各福群會派發「福品包」，內有餅乾、粉麵、現金利是和毛毯等。[158]

又如紅磡三約潮僑盂蘭友誼會亦不再直接派發福米給善信，而是送贈予區內長者中心及綜合家庭服務中心。以 2018 年為例，該會送出 1,700 包一公斤包裝的福米，受惠機構單位會自行安排車輛到達盂蘭勝會現場，領取福米。[159]

2018 年紅磡三約潮僑盂蘭友誼會派米受惠機構：[160]

受惠機構	福米數量
佛香講堂羅陳楚思長者鄰舍中心	550 包
香港互勵會鄭裕彤敬老中心	550 包
鐘聲慈善社陳守仁長者鄰舍中心	550 包
香港青少年服務處紅磡綜合家庭服務中心	50 包

小結

本文嘗試從場地佈局、儀式、神功戲和施貧救濟四方面，闡述香港潮州盂蘭勝會的特色。香港潮人盂蘭勝會面對現代社會衝擊，部份盂蘭棚由竹棚轉為鋁棚架，以避免損壞球場場地。根據現行法例，神功戲只能演出到晚上 11 時，派米亦只限一公斤，甚至轉贈給老人院。隨着社會變遷，盂蘭勝會籌款困難，戲班和潮州佛堂同樣面對傳承危機，香港潮州戲班演員均是來自內地，表演的劇目亦不再講究，而每一場盂蘭潮州佛事基本上是本地和內地儀式專家組成。

[156] 庚寅年德教保慶愛壇盂蘭勝會。
[157] 黃競聰:〈社區發展與文化承傳 – 香港盂蘭勝會之興衰〉，載《第一屆中華文化人文發展國際學術研討會論文集》(香港:香港珠海學院中國文學及歷史研究所，2018 年)，頁 245-254。
[158] 潮州公和堂盂蘭勝會會長陳耀華先生和理事長蔡學勤先生訪問，2021 年 8 月 8 日。
[159] 社會福利署信函檔號:KYDO 809/9/06 Pt.3。
[160] 社會福利署信函檔號:KYDO 809/9/06 Pt.3。

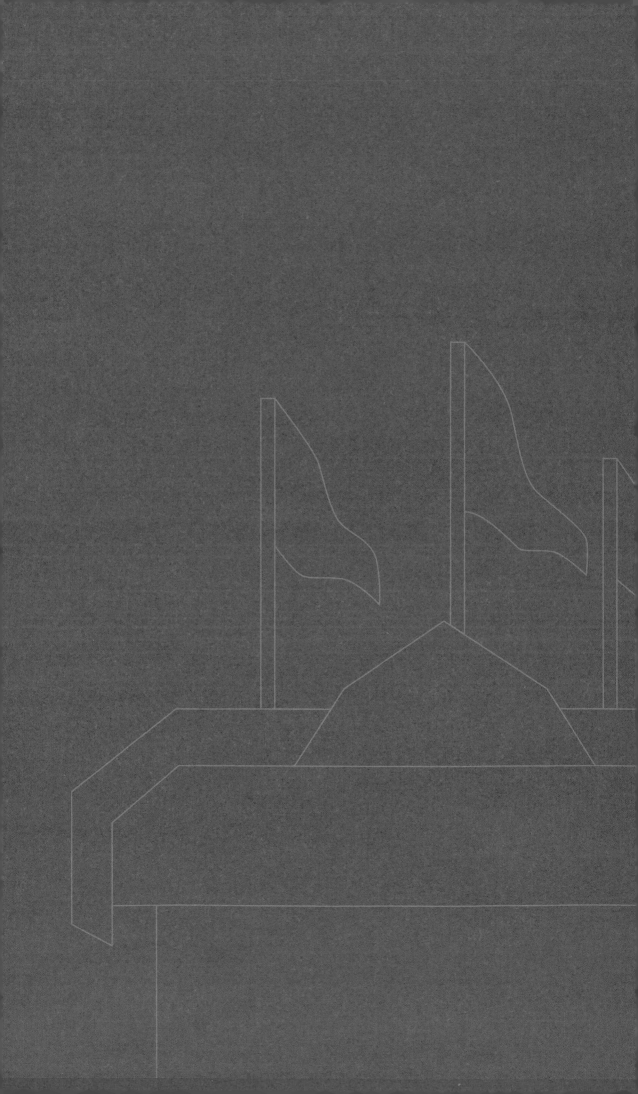

第四章

潮人極致：
潮州盂蘭祭祀與神功戲

第四章
潮人極致：潮州盂蘭祭祀與神功戲

第一節　潮州盂蘭佛教儀式

香港潮州佛堂源自潮州善社，創立於宋，興於明、清，及至清末民初達至頂峰，此與潮汕的社會生活狀況不無關係。清代中葉以後，潮汕地區天災連連，清廷無力救濟，地方鄉紳自發組織善社，參與濟貧救災工作。潮州善社大多供奉宋大峰祖師，與地方民間信仰關係密切，是帶有濃厚民間宗教色彩的慈善組織。善社以修身行善為宗旨，服務範圍廣泛，諸如修橋補路、贈醫施藥、興辦義學、施棺殮葬等都一一包辦。每逢潮汕地區出現天災人禍，造成重大傷亡時，當地善社的角色尤其重要，一呼百應挺身籌款賑災，並僱用工人撿拾無人認領的屍體，建義塚妥善安葬亡者，故深得當地鄉民的信賴。

二次大戰後，內地戰亂仍頻，大量潮汕人士來港，他們不僅提供大量勞動力，亦有為數不少潮汕商人帶來雄厚的資金在港大展拳腳。隨後香港人口急增，因政府投放在社會福利的資源未足以回應各方需求，慈善工作亦需依靠民間慈善組織或宗教團體分擔。香港潮州人仿效家鄉傳統，在地區創辦善社或佛堂，提供不同類型的慈善服務。香港潮州佛社因應需求成立經懺部，專門承接盂蘭法事，超幽祭孤，為地區祈求合境平安。香港潮州佛社在盂蘭期間，是全年最忙碌的日子，檔期非常緊湊。以 2014 年的港九從德善社為例，整個農曆七月裡承接了七個盂蘭勝會，每個為期兩至三天不等。

2014 年香港潮州佛社承接部份盂蘭勝會名單：[161]

名稱	參與盂蘭勝會
念敬佛社	1. 東頭邨盂蘭勝會 2. 順天邨街坊盂蘭勝會 3. 錦田八鄉大江埔潮僑盂蘭勝會 4. 油麻地旺角區四方街潮僑街坊盂蘭勝會 5. 深水步石硤尾白田邨潮僑盂蘭勝會 6. 沙田潮僑街坊盂蘭勝會 7. 西貢區盂蘭勝會
從德善社	1. 新界粉嶺潮僑盂蘭勝會 2. 李鄭屋麗閣邨潮籍盂蘭勝會 3. 荃灣潮僑盂蘭勝會 4. 旺角潮僑盂蘭勝會 5. 香港仔田灣邨華富邨華貴邨潮僑坊眾盂蘭勝會 6. 佛教三角碼頭街坊盂蘭勝會 7. 長沙灣潮籍盂蘭勝會
港九德恩善堂	1. 香港仔黃竹坑鴨脷洲華富村街坊盂蘭勝會 2. 慈雲山竹園鳳德潮僑街坊盂蘭勝會 3. 黃大仙新蒲崗鳳凰村街坊盂蘭勝會 4. 潮州南安堂福利協進會盂蘭勝會 5. 黃大仙下邨龍興樓街坊盂蘭勝會 6. 觀塘翠榕街坊盂蘭勝會 7. 西區石塘咀街坊潮僑盂蘭勝會
慈心佛堂	1. 啟業邨／麗晶街坊盂蘭勝會 2. 九龍仔信福德堂盂蘭勝會 3. 九龍彩雲邨天德伯公街坊盂蘭勝會 4. 橫頭磡邨樂富邨竹園天馬苑街坊盂蘭勝會 5. 觀塘潮僑工商界暨街坊盂蘭勝會 6. 牛頭角佐敦谷福德伯公盂蘭勝會
慈心閣佛社	1. 石籬石蔭安蔭潮僑盂蘭勝會 2. 黃大仙上邨街坊盂蘭勝會 3. 元朗潮僑盂蘭勝會
觀園修苑	1. 西環盂蘭勝會 2. 紅磡三約潮僑街坊盂蘭勝會 3. 潮州公和堂盂蘭勝會
荃灣玉霞閣	1. 德教保慶愛壇盂蘭勝會 2. 深井潮僑街坊盂蘭勝會

[第四章 潮人極致：潮州盂蘭祭祀與神功戲]

[161]《盂蘭勝會保育工作委員會成員調查報告 2021》，未刊；陳蒨：《潮籍盂蘭勝會：非物質文化遺產、集體回憶與身份認同》(香港：中華書局，2015 年)，頁 107-108；周樹佳：《鬼月鈎沉：中元、盂蘭、餓鬼節》，(香港：中華書局，2015 年)，頁 78-97。

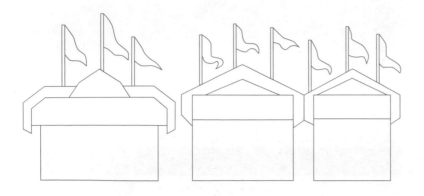

潮州佛社榜文經文：

名稱	盂蘭會	來源	榜文
念敬佛社	2013 年觀塘順天邨潮僑盂蘭勝會	皇寶壇盂蘭勝會錫 (賜) 福金章	《三千如來聖號》 《國師三昧水懺》 《冥府十王寶懺》 《金剛妙典》 《大悲寶懺》 《地藏尊經》 《法華普門妙品》 《彌陀接引尊經》 《北斗延壽尊經》 《金山正教科儀》 《瑜伽焰口真宗》
玉霞閣	2019 年深井潮僑街坊盂蘭勝會	--	《大悲咒》 《金剛經》 《地藏經》 《大蒙山施食》
港九德恩善堂	2013 年慈雲山鳳德竹園惠僑街坊會盂蘭勝會	盂蘭勝會 賜福金章	《三千如來聖號》 《慈悲三昧寶懺》 《銷釋金剛妙典》 《冥地府十王妙懺》 《地藏本願尊經》 《無礙大悲寶懺》 《法華普門妙品》 《佛說彌陀尊經》 《北斗延壽尊經》 《金山供養科儀》 《大乘顯密咒章》 《瑜伽焰口真宗》
觀園修苑	2013 年銅鑼灣潮州公和堂盂蘭勝會	弘法利生緣序	《三千諸佛洪名》 《慈悲三昧水懺》 《冥府十王寶懺》 《大乘金剛妙典》 《彌陀接引尊經》 《金山十獻科儀》 《瑜伽焰口真宗》

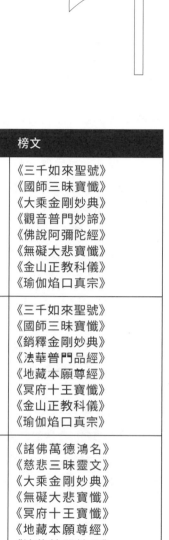

名稱	盂蘭會	來源	榜文
普慶念佛社	2014 年西區正街水陸坊眾盂蘭勝會	覺皇寶壇盂蘭勝會錫福金章	《三千如來聖號》 《國師三昧寶懺》 《大乘金剛妙典》 《觀音普門妙諦》 《佛說阿彌陀經》 《無礙大悲寶懺》 《金山正教科儀》 《瑜伽焰口真宗》
港九慈善閣	2013 年秀茂坪潮僑街坊盂蘭勝會	盂蘭勝會 賜福金章	《三千如來聖號》 《國師三昧寶懺》 《銷釋金剛妙典》 《法華普門品經》 《地藏本願尊經》 《冥府十王寶懺》 《金山正教科儀》 《瑜伽焰口真宗》
從德善社	2012 年佛教三角碼頭街坊盂蘭勝會	盂蘭勝會 普渡金章	《諸佛萬德鴻名》 《慈悲三昧靈文》 《大乘金剛妙典》 《無礙大悲寶懺》 《冥府十王寶懺》 《地藏本願尊經》 《法華普門妙品》 《彌陀接引尊經》 《北門（斗）延壽尊經》 《金山獻供科儀》 《瑜伽焰口真宗》
慈心閣佛社	2014 年石籬石蔭安蔭潮僑盂蘭勝會	盂蘭勝會 賜福金章	《三千如來聖號》 《國師三昧寶懺》 《銷釋金剛妙典》 《法華普門品經》 《地藏本願尊經》 《冥府十王寶懺》 《佛說阿彌陀經》 《金山正教科儀》 《瑜伽焰口真宗》

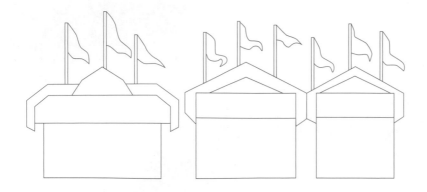

香港潮州佛社可以分為「香花」和「禪和」兩個派別，計有普慶念佛社、港九從德善社、佛教觀園修苑、玉霞閣、慈心佛堂、念敬佛社、港九德恩善堂和慈心閣佛社，其中只有港九從德善社屬於禪和派。慈心閣佛社姚子強師傅指出，兩派最大差別是唱腔有所差異，法器的打法亦有差別。簡單來說，潮州佛事儀式會以佛樂聲樂[162]，配合廟堂樂器伴奏。時至今天，潮州流傳之佛樂，分為香花板[163]、禪和板[164]和外江板等[165]。雖然香港潮州佛事以「香花派」為主，但早已與本地「外江」傳統融合，反而「純正」香花派則屬少數[166]。由於本地經師人手不足，部份香港潮州佛社被迫停止承辦盂蘭法事，如 2015 年正街街坊盂蘭勝會停辦，普慶念佛社不再承接對外盂蘭法事。有的香港潮州佛社則從內地增聘經師來港，在農曆七月最忙碌的時間參與盂蘭法事。

普慶念佛社姚直發師傅指出各大佛社承接三天盂蘭佛事儀式大致相同[167]，以下是普慶念佛社三天儀式流程：[168]

第一天儀式
發奏關文 → 啟請金章 → 走供 → 召孤魂《慈悲三昧水懺》(上、中)
→《過去現在未來三千佛懺全部》(過去、現在) →《銷釋金剛科儀》(上、中) → 安壇

第二天儀式
揚淨 →《慈悲三昧水懺》(下) →《過去現在未來三千佛懺全部》(現在、未來) → 午供 →《金山十獻》→《銷釋金剛科儀》(下)
→《普門妙品》→《佛說阿彌陀經》→《慈悲十王妙懺法》→《地藏菩薩本願經》→《千手千眼大悲懺法》→ 安壇

第三天儀式

揚淨 → 《過去現在未來三千佛懺全部》（未來）→ 《豎幡科儀》→
午供 → 《瑜珈焰口規範》→ 謝佛散旗 → 《北斗消災延壽妙經》
→ 謝佛上天化金馬

學者田仲一成指出，香港潮州盂蘭佛事儀式分為四個部份，分別
是「懺悔」、「拜佛」、「超渡孤魂」和「向星辰祈求壽命」[169]，證
諸以上三天儀式誦讀的經文可見一斑。每一間潮州佛社因應習慣
和傳統，儀式次序和內容有所差異。如前文所述，西貢區盂蘭勝
會的三天儀式由念敬佛社負責，第三天早上舉行金山十獻，反觀
普慶念佛社則於第二天舉行此儀式。又如大部份潮人盂蘭勝會沒
有舉行走五土儀式[170]，其中從德善社參與的盂蘭佛事，就只有佛
教三角碼頭街坊盂蘭勝會和長沙灣潮籍盂蘭勝會進行此儀式。

[162] 「佛教音樂，包括梵唄、歌詠和轉讀三者，為佛教儀式中重要組成之部份，配合禮拜、獻供、旋繞、躍
　　坐等禮節，相輔並行，為佛教修養之重要具體實踐。」詳見釋慧原、陳天國、蘇妙箏編著：《潮州禪和
　　板佛樂》（中國：廣東人民出版社，1995 年 12 月第一版），頁 3-4。
[163] 據釋慧原考證，潮州香花板早於禪和板流傳，「此板音調旋律，頗類閩南（廈門、漳州、泉州一帶）僧
　　侶所唱者，「佛曲」亦大似閩南戲曲風格，且「佛曲」中之補字「唔哩」（M Li）兩字，全與閩南戲曲相同，
　　由是推知此板定與閩南音樂有關。潮州與閩南接壤，對文化之溝通，理無疑也。」詳見釋慧原、陳天國、
　　蘇妙箏編著：《潮州禪和板佛樂》（中國：廣東人民出版社，1995 年 12 月第一版），頁 5-7。
[164] 「據開元寺耆老相傳，謂此板係清·乾隆元年丙辰（l736），惠潮嘉道憲龐嶼，延羅浮山華首台密因
　　和尚來潮州中興開元寺時，所 傳來者。密祖系傳曹洞宗第三十一世，華首台分派第四世。禪和板即
　　曹洞宗華首台派所傳之特有佛樂也。」詳見釋慧原、陳天國、蘇妙箏編著：《潮州禪和板佛樂》（中國：
　　廣東人民出版社，1995 年 12 月第一版），頁 5-7。
[165] 「潮州外江板是專指江浙淮河流 域一帶傳來的唱腔，戲劇叫外江戲，音樂叫外江音 樂，佛樂唱腔叫
　　外江板。此後，凡屬外來普通話系統的唱腔都混稱外江板。」詳見陳天國：〈潮州禪和板的整理及其
　　記譜中的一些問題〉，載《星海音樂樂院學報》，1994 年第 1 期、2 期，頁 18-21。
[166] 2022 年 7 月 5 日，德教慈心閣姚子強訪問。
[167] 普慶念佛社姚直發師傅承玉霞閣林守培，入行超過廿年，農曆七月期間仍不時獲其他佛社，參與
　　盂蘭佛事。
[168] 2022 年 11 月 16 日，普慶念佛社姚直發訪問。
[169] 田仲一成：〈二十世紀香港潮幫祭祀活動回顧─遺存的潮州文化〉，載《饒宗頤國學院院刊》，創刊號
　　（2014 年），頁 437-438。
[170] 走五土儀式中，經師棚前會擺放五張小祭壇，代表五方神靈駕臨盂蘭場，各祭壇上擺放一盤包子（每
　　盤約 20 個）和一束芒草。各經師兩手持令旗，令旗分為五種顏色，分別是青、紅、白、黑和黃色，依次
　　代表東、南、西、北和中央。儀式進行期間，經師繞着五張祭壇奔跑，有驅趕孤魂野鬼，潔淨社區的功
　　能。臨近儀式的尾聲，經師會拋出包子，象徵祭祀五方鬼怪。每次儀式進行期間，吸引大批善信和街
　　坊等圍觀，部份善信更會等待經師扔出包子一刻，善信趁機搶奪，他們相信這些包子經過經師誦經，
　　吃過會受神明的祝福。

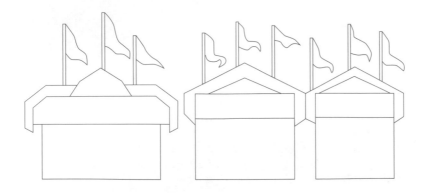

第二節　潮州盂蘭紮作

武雅士（Arthur P. Wolf）指，中國人祭祀對象是神明、孤魂野鬼及祖先。透過祭祀活動，目的是取悅神明及祖先，換取祝福，同時讓孤魂野鬼飽足，不再騷擾陽間的人，紮作品與食物擔當着重要角色。[171] 二次大戰以後，大量潮汕人士移居香港，每年他們定時舉行大型酬神、祭祖及超幽宗教活動，時至今日仍風雨不改。這些活動展現中國悠久以來尊敬鬼神及慎終追遠的傳統，紮作品和食物亦盡顯潮州傳統文化特色。

紮作又稱紙糊，是一門歷史悠久的民間手藝，充分體現出傳統中國文化的特色。紮作師傅憑着一對巧手，運用竹篾、紗紙、漿糊等簡單的材料，就能製作出外型千變萬化的紮作品，技藝卻是萬變不離其宗。紮作的程序主要有四個步驟，分別是紮、撲、寫和裝。

紮：將竹篾拗成骨架，以紗紙和漿糊固定。
撲：將紗紙撲在骨架。
寫：繪畫圖案及花紋，塗上保護油。
裝：將不同紮作構件組合和配置各類裝飾。

潮州紮作技藝擅長以硬紙皮代替竹篾作為骨架，支撐體積較大的紮作品。自 1950 年代，大批潮汕人士來港定居，舉辦的節慶祭祀活動愈趨頻繁，對潮州紮作的需求不斷增加，特別是農曆七月盂蘭最為忙碌。盂蘭會的紙紮品主要購自本地或潮州，本地紙紮品供應商有光藝紙品、劉合利和源豐行等。光藝紙品由翁紹青創辦，他早期在金玉樓工作，後來他在何文田創業，初期製作（綢）抽紗公仔，並在百貨公司寄賣，主要顧客是海外旅客。翁氏為了增加收入，乘着香港潮人盂蘭勝會步入黃金時期，眼看商機處處，於是主力承接潮州紮作品生意。及後，光藝輾轉遷入沙田區，直

到 1978 年又搬到石硤尾工廠大廈，2001 年搬到今址葵涌工場。
2019 年尾新冠肺炎爆發，翌年農曆七月香港潮人盂蘭勝會近乎停
辦，潮州紥作生意一落千丈。直到 2021 年，疫情稍緩，部份盂
蘭勝會復辦，盂蘭會購買內地紥作品運輸成本過高，轉而購買本
地紥作店，形成本地潮州盂蘭紥作的「小陽春」。

以下是潮州公和堂盂蘭勝會的紥作品：[172]

棚名	紥作品	數量
天地父母棚 香案前	大香	3 支
神袍棚	天地浮龍袍	3 付
	大王爺袍	1 付
	伯公袍	1 付
	南辰袍	1 付
	北斗袍	1 付
	金山銀山	1 對
大士臺	大秋幡	2 支
	大士爺	1 座
孤魂臺	靈牌	3 塊
	草幡	4 支
經師棚	仙鶴	16 隻
	鶴幡	12 支
	金馬	1 隻
	值符	1 隻
	金童玉女	1 對
神馬棚	大紅馬	1 隻

[171]　Arthur P. Wolf, "Gods, Ghosts and Ancestors," in Arthur P. Wolf ed., *Religion and Ritual in Chinese Society* (Stanford: Stanford University Press, 1974), 131-145.

[172]　潮州公和堂盂蘭勝會訂購港汕紙品有限公司報價單，2009 年 7 月 21 日。

圖為 2012 年旺角潮僑街坊盂蘭勝會的旛。

圖為 2014 年尖沙咀官涌街坊盂蘭勝會的大士王。

此金山紮作品由光藝紙品提供，他們製
作的金山、銀山設計基本上一樣：上層是
土地，下方貼了八仙，而金山和銀山的八
仙圖案是不同的。

圖為 2013 年三角碼頭盂蘭勝會的銀山。

圖為 2013 年潮州公和堂的草旛。

圖為金童玉女。紮作品由光藝紙品提供。

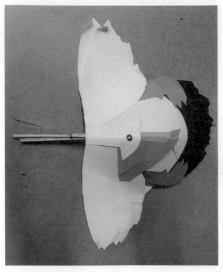

圖為仙鶴。紮作品由光藝紙品提供。

大香是每個盂蘭勝會必備的祭品,按傳統大香必須燃燒至活動
完結。圖為 2012 年旺角潮僑街坊盂蘭勝會的三支大香。

貢即是燈,圖為沙田潮僑街坊盂蘭勝會的貢。

圖為值符金馬。紥作品由光藝紙品提供。

圖為大寶。紥作品由光藝紙品提供。

圖為引路小旛。紥作品由光藝紙品提供。

圖為天頭錢。紮作品由光藝紙品提供。

圖為先人靈牌。紮作品由光藝紙品提供。

圖為五土袍。紮作品由光藝紙品提供。

2019 年光藝紙品盂蘭潮州紙紮記錄簡表：[173]

盂蘭勝會 潮州紙紮品	大袍	袍仔	大士爺	旛	大紅馬	金銀山	金童玉女	靈牌	草旛	仙鶴	五鶴旛	大香	坐人	貢	引路小旛	值符金馬	大寶	天頭錢	五土袍
啟業	✓	✓		✓	✓		✓	✓		✓	✓	✓				✓			
葵涌	✓	✓		✓	✓	✓	✓	✓		✓	✓	✓	✓			✓			
九龍仔	✓	✓		✓	✓		✓	✓		✓	✓	✓				✓			✓
順天	✓	✓		✓	✓		✓	✓		✓	✓	✓				✓			
黃大仙	✓	✓	✓	✓	✓	✓	✓	✓	✓	✓	✓	✓				✓			
大窩口	✓	✓		✓	✓	✓	✓	✓	✓	✓	✓	✓				✓			
筲箕灣	✓	✓		✓			✓	✓		✓		✓		✓		✓			
橫頭磡	✓			✓			✓	✓	✓	✓	✓	✓				✓			
大王爺	✓			✓			✓			✓	✓	✓				✓			
紅磡		✓		✓	✓	✓	✓	✓		✓	✓	✓			✓	✓			
慈德	✓	✓			✓	✓	✓	✓	✓	✓	✓	✓	✓			✓			
九龍城	✓	✓	✓	✓	✓	✓	✓	✓	✓	✓	✓	✓				✓			
深井	✓	✓		✓				✓					✓		✓			✓	
雞寮		✓		✓			✓	✓	✓	✓	✓	✓			✓	✓			
樂富	✓	✓		✓						✓									
土瓜灣	✓	✓	✓	✓	✓		✓	✓	✓	✓	✓	✓				✓			
柴灣	✓	✓			✓			✓	✓	✓	✓	✓				✓			
銅鑼灣	✓	✓		✓	✓		✓	✓	✓	✓	✓	✓				✓			
中區卅間	✓		✓	✓								✓							
佐敦谷	✓	✓		✓	✓		✓	✓		✓	✓					✓			
南京街	✓																		
尖沙咀	✓	✓	✓	✓	✓	✓	✓	✓	✓	✓	✓	✓	✓			✓		✓	
大師	✓	✓		✓											✓	✓			
荃灣	✓	✓	✓	✓	✓	✓	✓	✓		✓	✓	✓		✓		✓			
長沙灣	✓	✓	✓	✓	✓	✓	✓	✓		✓	✓	✓				✓			

［第四章　潮人極致：潮州盂蘭祭祀與神功戲］

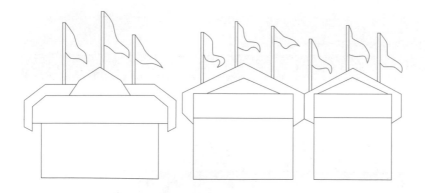

所謂各處鄉村各處例。每個潮人盂蘭勝會都因應自己的傳統，使用不同種類的紥作品，常見的是神袍、旛、大紅馬、金童玉女、靈牌、仙鶴、五鶴旛和值符金馬等。按照傳統，每個盂蘭場都會供奉大士爺，惟從〈光藝紙品紥作簡表〉可見，並非所有光藝客戶也會購買大士爺，部份選擇從潮州訂購。第二代負責人翁振華師傅自中學畢業後，便開始投身潮州紥作，約 1998 年正式接手光藝紙品。他直言如今潮州紥作愈趨簡化，不少盂蘭會也不願意花金錢購買紥作品。再者，每個盂蘭場地理空間各有不同，場地空間限制了紥作品擺放，有的盂蘭會改用大士爺畫像。因此紥作店也會提供不同尺碼，讓客戶選擇。以光藝紙品為例，神袍分為大袍、袍仔和甲袍，寸尺也有很多選擇，如大袍最大碼數為丈二，最少為六尺。又如大士王分為大、中和小碼，分別是 22 尺高、16 尺高和八尺高。此外，大香是每個盂蘭勝會必備的祭品，按傳統一般大香必須燃放至活動完結，光華紙品也有兼營售賣，並分為三種大小，分別七尺、六尺和五尺，而且頗受歡迎。[174]

第三節　潮州盂蘭食物祭品

中國食物祭品的文化及歷史源遠流長，部份的潮州食物祭品製作技藝已列入香港首份非物質文化遺產清單，如潮州糖塔製作技藝和潮州糖餅製作技藝。食物祭品擺放在不同盂蘭棚，祭祀對象也有不同，當中不少是潮州傳統食物。潮州食物祭品大致分為餅、糖、糕、包和粿五大類，潮州食物祭品各有寓意，排列方式亦十分講究。從盂蘭棚食物祭品佈置和數量，間接反映了盂蘭會的經濟能力，以 2003 年潮州公和堂盂蘭勝會為例，單是天地父母棚便擺放近 16 種潮州食物祭品[175]。潮州食物祭品的本地供應商常見有和記隆餅家等，近年部份盂蘭會為了節省成本，轉而向內地購買潮州食物祭品。

祭品山常見種類為甜飯山（糯米）、白飯山、包山、麵線山（潮州麵線）和菜山（通菜）。圖為 2013 年潮州公和堂的祭品山及竹籮祭品。

香港潮人盂蘭勝會常見的食物祭品種類、寓意和功能：

盂蘭棚	食物祭品	寓意和功能
米棚	福米	福米由善長捐助。放焰口儀式完結後，派發予街坊善信。
	祭品山	盂蘭勝會的第三天上午米棚會放置祭品山。 祭品佈置在竹篾製成的圓錐架上，外型像一座山，故稱為祭品山。「山」具有「無限」的意思，意謂祭品數量之多，任由孤魂野鬼享用。[176] 祭品山的體積可大可小，大的有五尺高，小的則約兩尺高，常見種類為甜飯山（糯米）、白飯山、包山、麵線山（潮州麵線）和菜山（通菜）。
	竹籮祭品	竹籮放置大量白飯、甜飯、芋頭、冬瓜、豆乾、芽菜和豆腐等。在盂蘭勝會的第三天，主辦單位會把祭品山和竹籮祭品排列在盂蘭場上，在祭品上插香燭，以祭「好兄弟」。

[174] 光藝紙品翁振華訪問，2022 年 11 月 11 日。

[175] 潮州公和堂盂蘭勝會訂購貴嶼和記隆餅家有限公司報價單，2003 年 2 月 24 日。

[176] 楊子儀、林錦源：〈香港潮人盂蘭勝會的食品和祭品——以貴嶼和記隆餅家為例〉，載張展鴻、鄒興華合編：《「傳統飲食與非物質文化遺產保護」研討會論文集》，2012。

盂蘭棚	食物祭品	寓意和功能
天地父母棚	茶、酒、湯、飯、齋菜	香爐後面多放置祭品，常見有白飯和齋菜，其中齋菜多是金針、雲耳、花生、紅棗、枝竹等。有的盂蘭會特別講究天地父母棚祭品佈置，按次序為茶、酒、湯、飯和齋菜。祭品的數量因應該盂蘭會的傳統而定，一般為 12 至 24 份不等，並配備相等數量的餐具。[177]
	五果	盂蘭會各有自己的傳統，常見有葡萄、蘋果、橙、雪梨和香蕉等。[178]
	齋五牲	祭品以花生糖製成牲畜造型，種類繁多，包括有雞、蟹、鴨、魚、龍蝦、豬頭、豬肉、豬肝或乳豬等。[179]
	葷五牲	煮熟的五牲祭品，常見的是豬肉、雞、鴨、魚和豬肝。[180]
	山珍海味	山珍 12 款：龍、虎、獅、豹、象、斑馬、豬、牛、羊、鳳、孔雀、鸚鵡、雞等。 海味 12 款：鯉魚、生魚、老鼠斑、芝麻斑、蝦、蟹、神仙魚、石斑、鯊魚、鱸魚、泥鯭、響螺、蝸牛、田雞等。 盂蘭會供奉珍貴食材，顯示對神靈的崇敬外，其中山珍海味最為隆重，故以麵粉製成山珍海味的造型，祈求豐衣足食。有的盂蘭會因應總理的生肖相沖，取捨山珍海味款式[181]。但此傳統手工藝日漸失傳，鮮有盂蘭場佈置山珍海味的祭品。[182]
	粿品	常見有甜粿、紅桃粿、發粿。[183] 「紅桃粿」外形似蟠桃，象徵喜慶寓意「開紅門」。 「甜粿」寓意艱苦終有甜蜜日，有彩頭之意。 「發粿」又稱「大發」寓意發財大利，將「發粿」蒸煮長一點時間，粿面會有凸起的裂紋狀如花朵，稱為「笑粿」，象徵喜笑顏開好意頭。[184]
	糖方肚	整座擺設以豆方圍繞玻璃箱，內置有電動彩紮戲曲人物，上方寫有「盂蘭會」的名字。也有用米通代替豆方，米通方肚有八仙圖案。糖方肚喻意同賀喜慶。[185]
	豆心架、豆糕架	豆心和豆糕均擺放在架上。豆心寓意誠心敬祖，慎終追遠，飲水思源。 豆糕寓意傳承，繼祖先的優良品格德行和智慧。[186]
	大福桃、棋子餅、壽桃	大福桃寓意幸福，福如東海； 棋子餅寓意官祿，聰明智慧； 壽桃寓意長壽，萬壽無疆。 三款祭品組合具有福祿壽全之意。[187]
	豆方饌盒	前排中央處擺放置金漆木雕「饌盒」盛載豆方，寓意做人正直忠厚，腳踏實地。[188]
	壽麵	寓意長壽康寧。
	五色餅	以金漆木雕饌盒架盛載，寓意五穀豐收。[189]

盂蘭棚	食物祭品	寓意和功能
天地父母棚	貴嶼勝餅、綠豆沙餅	此等食品又稱鴛鴦餅，由於其保存期較長，故常用作答謝善信捐款的福品。[190]
	糖塔、糖獅塔	模仿風水塔外型，用糖製成，並配合一對雙獅護法，又稱為糖獅塔，具有辟邪之意。[191] 從前，盂蘭勝會完結，糖塔會煮成甜湯，供大眾享用。大家相信吃甜湯，將獲神靈保佑，合境平安[192]。有的盂蘭會規定只有當年總理方有資格領取糖塔回家。
經師棚	佛手	以麵粉製成佛手象徵施放手印，用於施食儀式。[193]
	茶料、壽桃、壽麵、粿品	此等供品放置在壇前，茶料用於禮敬諸佛。壽桃、壽麵、粿品用於祈福儀式。
	米粒	用於施食，須放置一些米粒，最少七粒以上。
	孤蕾粿	孤蕾粿又稱石榴仔，顧名思義外型像小石榴，其實是白色的粿品，其頂部綴有粉紅色。放燄口儀式臨近完結時，金剛上師會拋出孤蕾粿，寓意施放上好甘露美食給孤魂餓鬼。[194] 儀式進行期間，部份善信聚集在經師棚前，有的自備承接孤蕾粿的裝備，例如把傘子倒轉。他們相信吃過誦經後的孤蕾粿將會獲得佛祖的庇佑。也有一說法，石榴造型有財丁兩旺之意，吃過後祈求獲得祝福和庇佑。[195]

[177] 陳蒨：《潮籍盂蘭勝會：非物質文化遺產、集體回憶與身份認同》(香港：中華書局，2015 年)，頁 127。

[178] 陳蒨：《潮籍盂蘭勝會：非物質文化遺產、集體回憶與身份認同》(香港：中華書局，2015 年)，頁 82。

[179] 楊子儀、林錦源：〈香港潮人盂蘭勝會的食品和祭品——以貴嶼和記隆餅家為例〉，載張展鴻、鄒興華合編：《「傳統飲食與非物質文化遺產保護」研討會論文集》，2012 年。

[180] 陳蒨：《潮籍盂蘭勝會：非物質文化遺產、集體回憶與身份認同》(香港：中華書局，2015 年)，頁 83。

[181] 楊子儀、林錦源：〈香港潮人盂蘭勝會的食品和祭品——以貴嶼和記隆餅家為例〉，載張展鴻、鄒興華合編：《「傳統飲食與非物質文化遺產保護」研討會論文集》，2012 年。

[182] 陳蒨：《潮籍盂蘭勝會：非物質文化遺產、集體回憶與身份認同》(香港：中華書局，2015 年)，頁 81。

[183] 胡炎松：《西貢區盂蘭勝會六十週年紀念特刊》(香港：西貢區盂蘭勝會有限公司，2014 年 7 月)，頁 48。

[184] 資料由胡炎松先生提供。

[185] 資料由胡炎松先生提供。

[186] 資料由胡炎松先生提供。

[187] 貴嶼仔和記隆楊了儀博士訪問，2022 年 11 月 17 日。

[188] 胡炎松：《西貢區盂蘭勝會六十週年紀念特刊》，(香港：西貢區盂蘭勝會有限公司，2014 年 7 月)，頁 48。

[189] 楊子儀、林錦源：〈香港潮人盂蘭勝會的食品和祭品——以貴嶼和記隆餅家為例〉，載張展鴻、鄒興華合編：《「傳統飲食與非物質文化遺產保護」研討會論文集》，2012 年。

[190] 貴嶼仔和記隆楊子儀博士訪問，2022 年 11 月 17 日。

[191] 貴嶼仔和記隆楊子儀博士訪問，2022 年 11 月 17 日。

[192] 楊子儀、林錦源：〈香港潮人盂蘭勝會的食品和祭品——以貴嶼和記隆餅家為例〉，載張展鴻、鄒興華合編：《「傳統飲食與非物質文化遺產保護」研討會論文集》，2012 年。

[193] 資料由胡炎松先生提供。

[194] 楊子儀、林錦源：〈香港潮人盂蘭勝會的食品和祭品——以貴嶼和記隆餅家為例〉，載張展鴻、鄒興華合編：《「傳統飲食與非物質文化遺產保護」研討會論文集》，2012 年。

[195] 楊子儀：《潮式餅糖糕飽》(香港：貴嶼和記隆出版社，2011 年)，頁 169。

豆方薦盒寓意銘記做人要正直忠厚，腳踏實地。圖為 2014 年西貢區盂蘭勝會的薦盒。

天地父母棚後座最常有白飯和齋菜，數量因應該盂蘭會的傳統而定，而茶、酒和湯則並非每個盂蘭勝會都會擺設。圖為 2012 年旺角潮僑街坊盂蘭勝會的祭品擺設。

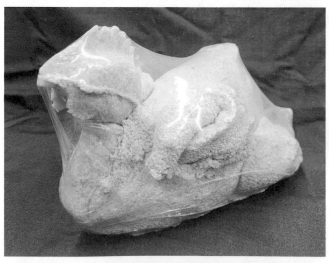

齋五牲祭品以花生糖製成牲畜造型，種類繁多。圖為齋雞造型祭品，由貴嶼仔和記隆提供。

粿品類祭品常見有甜粿、紅桃粿、發粿。 圖為 2013 年荃灣潮僑盂蘭勝會的發粿祭品。

糖塔是仿傚潮汕風水塔、用煉糖製成的祭品。糖塔在酬神後,會煮成甜湯供大家享用。

糖獅塔是用糖做成的守護獅子,通常一對糖獅塔會與糖塔並放在神壇上 ,以供奉神靈。 圖為 2014 年西貢區盂蘭勝會的糖獅塔。

大福桃寓意幸福，福如東海。圖為 2013 年荃灣潮僑盂蘭勝會的大福桃祭品。

壽桃寓意長壽，萬壽無疆，壽桃、大福桃及棋子餅合起來便有福祿壽全的意思。圖為 2013 年荃灣潮僑盂蘭勝會的壽桃祭品。

棋子餅寓意官祿，聰明智慧。圖為 2014 年西貢區盂蘭勝會的棋子餅。

豆糬會擺放在架上，寓意承繼祖先的優良品格、德行和智慧。圖為 2014 年西貢區盂蘭勝會的豆糬架。

豆心寓意慎終追遠，飲水思源。整體而言，豆心和豆糬寓意是做人處事要有規矩。圖為 2014 年西貢區盂蘭勝會的豆心架。

孤蕾粿是白色的粿品，頂部綴有粉紅色，一般相信吃過孤蕾粿便可獲得祝福和庇佑。

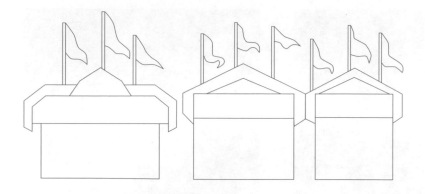

2003 年潮州公和堂盂蘭勝會潮州食物祭品簡表：[196]

位置：米棚（孤棚）

名稱	規格	數量
五色飯山	--	5 座
大發	10 斤庄	2 件
甜粿	20 斤庄	2 件
代竹架套	--	1 套
代盤連彩大紅紙圍邊	--	1 單

位置：經師棚

名稱	規格	數量
壽桃	--	1 盤
壽麵	--	1 盤
糖枝方	--	5 份
棋子餅	散庄	20 斤
甜粿	5 斤庄	1 件
大發	3 斤庄	1 件
孤蕾粿	--	1,500 粒
佛手	--	6 隻
齋茶料	--	4 斤

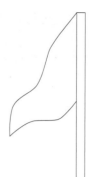

位置：神棚

名稱	規格	數量
大發	10 斤庄	1 件
甜粿	20 斤庄	1 件
小糖方	--	50 斤
喜飽	--	200 個
棋子餅	--	10 斤
綠豆沙餅	--	900 斤
綠豆沙餅	--	50 斤
小糖方	--	50 斤
喜飽	--	200 個
桌面亭	--	1 座
糖枝方	--	12 份
糖獅塔	--	2 付
壽桃	--	2 盤
棋子餅	--	2 盤
彩齋菜	--	12 碗
饌盒茶料 （配架）盒庄	--	1 個
齋糖五牲（配龍蝦）- 齋豬頭（共 6 盤）	--	1 付
大發	10 斤庄	1 件
甜粿	20 斤庄	1 件
大五菓	--	1 座

[196] 潮州公和堂盂蘭勝會訂購貴嶼和記隆餅家有限公司報價單，2003 年 2 月 24 日。

1950 至 60 年代，大量潮汕人士南遷來港，職業潮劇戲班也應運而生，在港相繼成立。圖為 2013 年韓江潮劇團為中西區石塘咀街坊潮僑盂蘭勝會演神功戲。

第四節　潮劇神功戲

香港潮劇發展簡史

潮劇又名「潮音劇」，意指以潮州方言表演的戲劇，沿襲自宋元南戲，發展至今已有 500 多年[197]。明代初期，南戲已傳入潮州地區，經歷「地方化」後，漸漸演變為潮劇。香港與潮汕地區很早便有來往，香港潮劇的歷史可遠溯至清末時期。香港開埠後，政局相對穩定，不少潮汕人士來港謀生；隨後香港經濟發展愈趨繁榮，很多潮商看準商機選擇來港投資，無形中將潮汕文化帶進香港。1920 至 30 年代，每年內地有潮劇團來港演出，每年平均有一至三班。到了 1936 年，同時有五個潮劇戲班在港九地區演出。1939 年，潮汕地區淪陷，內地潮劇團被迫中斷來港演出。1940 年底，香港成立第一個潮劇戲班，名為老正興班，由三位潮劇名宿林如烈、謝大目和林應潮坐鎮。可惜的是，翌年香港淪陷，老正興班剛成立不久便宣告解散。[198]

二次大戰以後，大量潮汕人士南遷來港，使潮汕傳統文化逐漸在港生根。職業潮劇戲班也應運而生，在港相繼成立。1960 至 70 年代，在港先後組建的潮劇班，計有韓江、東山、嶺東、青年、樂聲、昇藝、藝星、鮀江、東藝、中源和、一枝香、天藝和梅正等，開啟了香港潮劇黃金時代[199]。除了演出傳統神功戲外，更有部份潮劇團會參與製作潮劇電影。潮劇電影不但吸引大量香港觀眾，更能遠銷至新加坡、馬來西亞和泰國一帶，風靡萬千潮籍華僑，引來一股潮劇熱潮[200]。隨着潮劇電影賣埠到不同地方，連帶很多潮劇團到東南亞各地登臺，巡迴各地演出。

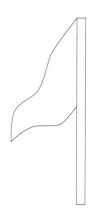

1960 年代末，受劇本創作質素和演員陣容吸引力下降等因素，潮劇電影衰落，產量逐年減少。加上越戰爆發，潮劇電影失去了其中一個重要的東南亞市場，大量從事潮劇電影工作的藝人轉投到潮劇團發展，使香港潮劇愈趨蓬勃，潮劇神功戲的質素顯著提升。新天藝潮劇團班主黃偉倫回憶兒時觀賞潮劇表演的情景，當年潮劇神功戲已加入特技演出，讓觀眾看得着迷。例如戲棚內設「拉威也（鋼絲）」，讓演員可以「吊威也」在棚內一時飛上棚頂，一時飛到臺前；又如模仿粵語長片如來神掌，做出「放飛劍」的視覺效果；甚至在臺下放乾冰，製造仿如置身仙境的電影場面[201]。1970 年代，香港影視文化逐漸步向「粵語化」，加上有些東南亞國家為保障國民生計，開始實施相關保護政策，限制外國演員入境，潮劇難逃衰落的命運。

潮劇神功戲

「神功」即為神做功德的意思。地方群體在籌辦神誕或太平清醮時，會聘請戲班，在臨時蓋搭的戲棚內演出神功戲，酬謝神明庇佑。神功戲表演帶有地域色彩，按着主辦單位和善信的族群，選取所屬的方言戲曲娛樂街坊，達至人神共樂。據陳守仁研究，香港常見的神功戲分有五大類：神誕慶典、盂蘭節打醮、太平清醮、廟宇開光和傳統節日慶典[202]。稍具規模的潮人盂蘭勝會通常會上演潮劇神功戲，分為鐵枝木偶戲或潮劇[203]，這視乎活動規模、場地佈置，以及籌辦組織的經濟條件。

[197] 中華書局編輯部：《潮劇完全觀賞手冊》（香港：中華書局，2020 年），頁 2。
[198] 中華書局編輯部：《潮劇完全觀賞手冊》（香港：中華書局，2020 年），頁 318。
[199] 陳守仁：《香港神功戲：揭開神功戲面紗》（香港：三聯書店，2012 年），頁 33；部份資料由胡炎松先生提供。
[200] 香港潮劇研究者譚迪遜先生訪問，2021 年 6 月 29 日。
[201] 新天藝潮劇團戲班班主黃偉倫先生訪問，2021 年 7 月 23 日。
[202] 陳守仁：《神功戲在香港：粵劇、潮劇、福佬劇》（香港：三聯書店，1996 年），頁 12-26。現時只剩下深井潮僑街坊盂蘭勝會仍聘請鐵枝木偶戲表演。

新天彩潮劇團成立於 1960 年，曾名為中正天香班。圖為 2012 年新天彩潮劇團為長沙灣潮籍盂蘭勝會演神功戲。

1950 至 70 年代中期，香港各區相繼於農曆七月籌辦潮人盂蘭勝會，演戲酬神機會大增，潮劇戲班受聘演出應接不暇。新天彩潮劇團班主黃素玉憶述，一線的潮劇演員單在農曆七月的收入已足夠一年的生活開支，可算是潮劇神功戲的黃金時期。1980 年代初開始，資深老演員相繼過世，加上許多潮劇演員收入微薄，只好轉型投身其他行業。香港潮劇戲班逐漸出現青黃不接的現象，難以籌組完整的班底，很多時候須要湊合不同戲班的演員演出，甚至開始從內地招聘戲班演員，常有發生中港兩地演員同臺演出神功戲[204]。

隨着內地改革開放，廣東潮劇院成立「對外演出部」，本地潮劇團面對人手不足，遂向當局申請內地戲班來港演出。據香港潮劇研究者譚迪遜憶述，到了 1980 年代末，本地戲班已直接聘用內地戲班來港演出，在他印象中最早採用內地戲班應是「韓江潮劇團」，之後其他本地潮劇團相繼效法[205]。1993 年，譚迪遜加入「新天藝潮劇團」，這年正是香港最後一年有本地演員參演盂蘭神功戲，翌年香港五個潮劇戲班改為聘用內地潮劇戲班。據統計，1993 年農曆七月潮州盂蘭神功戲，公演潮劇的盂蘭會共有 36 個，參與潮劇戲班分別有新天彩、新天藝、玉梨春、新昇藝和新韓江，共演出 121 天[206]。2011 年，潮州盂蘭神功戲每臺戲公演三天，合共公演 33 臺，五個本地潮劇團基本全部是內地班底了。[207]

內地經濟起飛，潮汕地區都願意花費聘請戲班，演出神功戲，戲金幾乎高於香港潮劇戲班。內地潮劇演員長途跋涉在港演出，待遇反而較差於內地，內地戲班還可居住在學校或祠堂內。香港潮劇團為了節省開支，只能安置戲班在戲棚底休息。所以有經驗的內地潮劇演員大多不願意來港演出，本地戲班只能尋找更偏遠、

更年輕的內地潮劇演員[208]。近年受新冠肺炎疫情影響，內地潮劇演員同樣面對開工不足的情況，無奈之下只好轉行，再不願回到潮劇的行業，導致演員人數下降，不少香港的班主都擔心未來日子將難以聘請內地潮劇團來港。

2021 年新冠肺炎疫情持續肆虐，本地戲班無法聘請內地劇團，旺角潮僑盂蘭勝會禮聘新天藝潮劇團，重組本地演員班底，在大角咀詩歌舞街球場演出一連三天的潮劇折子戲。譚迪遜亦有份參與此次神功戲，他對於這次演出感到特別興奮。因為這是廿多年來首次重新沿用全部本地潮劇演員班底，演出盂蘭神功戲，連服裝和樂器均是來自香港，實在非常難得。[209]

2021 年旺角潮僑辛丑年第 52 屆盂蘭勝會演出劇目：[210]

五福連
辭郎洲之勸郎、送郎
白兔記之井邊會、回書
嚴蘭貞之盤夫
紅鬃烈馬之別窯
孫安動本之綁子鳴冤
奉原闖道之三探監
三姐下凡之別仙橋
四郎探母之責子

破臺

破臺儀式進行時，戲班人員一律禁止說話，戲臺中央會擺放元寶、香燭、水果、魚魷、白米等祭品。一名黑衣花臉武生扮演「鐘馗」，首先在戲臺中央跪拜進香，然後隨着緊促的鑼鼓聲中手持鐵三叉走入後臺，另有兩人跟隨其後，一人撒鹽一人撒米，再沿另一出口返回臺前，繼而輪流再以鐵三叉走向戲臺四角方向刺去，最後武生用力把鐵三叉插在戲臺中央，並隨即將元寶捧到臺下焚化。往日破臺儀式會採用活公雞以滴雞血破臺，現在由於衛生法例限制，基本已改用鐵三叉代替活公雞。同時只有個別戲班才會舉行破臺儀式。[211]

[204] 新天彩潮劇團戲班班主黃素玉女士訪問，2021 年 6 月 16 日。
[205] 香港潮劇研究者譚迪遜先生訪問，2021 年 6 月 29 日。
[206] 陳守仁：《神功戲在香港：粵劇、潮劇、福佬劇》（香港：三聯書店，1996 年），頁 29-32。
[207] 香港中文大學戲曲資料中心：《香港戲曲通訊》第 33 期，2011 年 10 月 31 日。
[208] 新天藝潮劇團戲班班主黃偉倫先生訪問，2021 年 7 月 23 日。
[209] 旺角潮僑盂蘭勝會考察與訪問筆記，2021 年 8 月 17 至 19 日。
[210] 2021 年旺角潮僑辛丑年第 52 屆盂蘭勝會香港新天藝潮劇團戲橋。
[211] 資料由胡炎松先生提供。

例戲

例戲是指所演出的五套吉祥戲。《五福連》是潮劇神功戲的例戲。五福者，功名財子壽也。連，非解作連接，而是意指劇目也。潮汕人稱《五福連》為「扮仙」，潮音讀「搬仙」。每天開鑼前，循例會先演出例戲，通常首兩天安排約在下午 4 時演出，第三天則約在中午 12 點，演出時間約 30 分鐘。《五福連》演出次序是《十仙賀壽》[212]、《跳加官》[213] 及《仙姬送子》[214]、《唐明皇》[215] 和《京城會》[216]。每當演出《仙姬送子》時，扮演董永和仙姬的潮劇演員與一班侍從走到戲臺下，穿過觀眾席到達神棚，當屆總理或長老接過仙姬手上代表太子爺，俗稱「落地送子」，然後供奉於神臺上。兩位演員向神棚進香、三跪拜，總理則回贈利是，他們隨即返回戲臺。

相傳凡抱過太子爺，容易求得子嗣，因此有資格抱太子爺必然對盂蘭會有所貢獻，通常由當屆總理和理事負責。有的盂蘭會在會場張貼通告，通知抱太子的時間安排。

2012年深水埗石硤尾白田邨潮僑盂蘭勝會理事抱太子時間編排：[217]

日期	時間	抱太子理事
農曆七月十六日	下午 3 時	正總理：黃麒峰
農曆七月十七日	下午 2 時 30 分	副總理：黃宏炎
農曆七月十七日	下午 8 時	副總理：花園餐廳
農曆七月十八日	下午 2 時 30 分	正主席：萬春堂
農曆七月十八日	下午 11 時	正總理：黃麒峰
農曆七月十九日	下午 3 時	副總理：德豐餐廳
農曆七月十九日	下午 8 時	副總理：汕頭恒昌制罐廠
農曆七月二十日	下午 3 時	副主席：郭啟堅
農曆七月二十日	下午 10 時	正主席：萬春堂

香港潮人盂蘭勝會的神功戲會演出例戲《五福連》，在每天開鑼前，循例會先演出例戲。圖為 2013 年玉梨春潮劇團為粉嶺潮僑盂蘭勝會演出的《跳加官》。

圖為 2012 年九龍城潮僑盂蘭會上演的例戲《十仙賀壽》，演員眾人合力砌出一個「壽」字。

圖為 2012 年九龍城潮僑盂蘭會上演的例戲《天姬送子》。

[212] 十仙是指鐘離權、張果老、李鐵拐、韓湘子、曹國舅、呂洞賓、藍采和及何仙姑，俗稱八仙，外加東方朔及王母娘娘。眾人合力砌出一個「壽」字。
[213] 整場表演僅有動作和配樂，沒有任何對白。所謂「加官」乃取「加官晉祿」之意，祝願職位高陞的意思。
[214] 這又稱為《天仙配》，講述七仙女與董永「送子」的故事。
[215] 演員扮李隆基出臺，念白：「高搭樓臺巧艷妝，梨園子弟有千萬。句句都是翰林造，奏出離合與悲歡。來者萬古流芳。」接着往四個臺角表演身段，然後退場。
[216] 呂蒙正得知高中狀元，迎接夫人劉翠屏莅京相會。
[217] 深水埗石硤尾由田邨潮僑盂蘭勝會，2012 年通告。

每當演出《仙姬送子》時，扮演董永和仙姬的潮劇演員會
「落地送子」，走到神棚，讓當屆總理或長老接過仙姬手
上代表太子的木偶，然後供奉於神台上。圖為紅磡三約潮
僑盂蘭友誼會昔日的「接太子」情景。

「三太子」是潮劇的守護神，身穿紅衣紅褲，以孩童形象
呈現。圖為 2014 年沙田潮僑街坊盂蘭勝會。

劇目

新天彩潮劇團團長黃素玉回憶，從前盂蘭勝會會比較緊張劇目和
演員質素，會專程視察戲班的表演，揀選心宜劇目，以供街坊善
信欣賞。劇目大多採用意頭好、喜劇題材，或是更具動感和鑼鼓
喧天的武打劇，如《薛丁山》、《五子掛帥》等，這樣令場面更
見得熱鬧。[218]

> 香港潮劇白字戲所演的內容，以歷史故事為主的，其重點
> 在于［於］勸善懲惡，有的潮人認為戲劇并不是以娛樂為目
> 的，而以教育為目的。其實，潮劇之中，先有壞人猖獗，
> 善人陷入困境。經過曲折，壞人被打敗，善人終于獲得勝
> 利。其中有如下的類型。
>
> 1) 忠君愛國，犧牲自己的歷史劇。比如《守揚州》，
>   《夫人城》。
> 2) 贊揚宗族繁榮的故事。比如《一門三進士》。
> 3) 揭開封建道德的故事。比如《兩代孤孀》。[219]

過去，盂蘭會禮聘兩個不同方言戲班演出神功戲。例如在 1980
年代，由於沙田潮僑福利會盂蘭勝會的善信街坊不乏廣府人，所
以神功戲會先安排潮劇演出，然後再有粵劇表演：

> 跟着幾年後由陳偉先生一路擔任首總理，得其大力支持之
> 下，經費更見充裕，仝人亦鬆了一口大氣，不必再為舉辦
> 勝會担 [擔] 心，而且由原來舉辦三天而延長至六晝夜，首
> 三天為潮劇，後三天改演粵劇，其成績更是裴然，奠定今
> 日的經濟基礎及聲譽……[220]

反觀今時今日，盂蘭會大都不重視盂蘭神功戲，甚少講究和指定
劇目，主要交由戲班自行決定。佛教三角碼頭盂蘭勝會禮聘新昇
藝潮劇團，演出三天的神功戲。佛教三角碼頭盂蘭勝會主席陳運
然指出本港潮劇團的名稱雖然不同，但演員全部來自內地，對主
辦單位來說分別不大，差別往往只是戲金的高低而已。他坦言對
演出劇目沒有太高的要求，盂蘭神功戲只要按照傳統盡量採用有
武打成份的劇目便可。[221]

以下是沙田潮僑福利會第 50 屆沙田潮僑盂蘭勝會潮劇節目：[222]

潮劇節目
表演地點：沙田源禾路運動場
日期：2011 年 8 月 20 日（廿一日） 時間：下午 4 時：《賀壽》 　　　晚上 8 時：《秦英掛帥》
日期：2011 年 8 月 21 日（廿二日） 時間：下午 2 時：《賀壽》／《回書》 　　　晚上 8 時：《晉宮風雲》
日期：2011 年 8 月 22 日（廿三日） 時間：下午 12 時：《賀壽》／《大漢天子》 　　　晚上 8 時：《盜仙草》
日期：2011 年 8 月 23 日（廿四日） 時間：下午 2 時：《賀壽》／《盜仙草》 　　　晚上 8 時：《相府狀元》

[218] 新天彩潮劇團戲班班主黃素玉女士訪問，2021 年 6 月 16 日。
[219] 田仲一成：〈二十世紀香港潮幫祭祀活動回顧—遺存的潮州文化〉，載《饒宗頤國學院院刊》，創刊號
（2014 年），頁 437-438
[220] 沙田潮僑福利會主編：《沙田潮僑盂蘭勝會第二十三屆盂蘭勝會紀念特刊》（香港：沙田潮僑福利會，
1984 年），缺頁數。
[221] 佛教三角碼頭盂蘭勝會主席陳運然訪問，2019 年 6 月 12 日。
[222] 沙田潮僑福利會第 50 屆沙田盂蘭勝會潮劇節目通告，2011。

天光戲

從前，盂蘭勝會神功戲流行演出到凌晨時份，最後一天甚至演出
至清晨 5 至 6 時，故此又稱為「天光戲」[223]。1960 年代，報載
荃灣潮僑盂蘭勝會演出潮劇天光戲：

> 昨日潮劇演出的是「方世玉打擂台」，一直通宵始散，全
> 台連演三天，有關潮僑為此勝會，也齋戒了三天，共祈「民
> 豐物阜」，「闔境平安」。[224]

> 隨着時代演進，大部份盂蘭勝會都在康文署轄下球場舉行，
> 除了受政府噪音管制規管，更要求主辦單位須事前申請娛
> 樂牌照，否則將遭受當局票控。

> 申請牌照被拒絕，仍繼續上演神功戲，潮僑盂蘭勝會有限
> 公司之代表人，被市政局票控。昨解北九龍裁判署審訊，
> 被告認罪，法官判其罰欵 [款] 一千五百元，另加一日、罰
> 欵 [款] 五百元……[225]

香港城市發展急速，市區地段大多開發為住宅樓宇，盂蘭場大多
靠近民居，受到嘈音管制所規限，政府規定戲班最遲晚上 11 時前
結束演出。

1987 年和 2017 年東頭村盂蘭勝會潮劇神功戲演出時間：[226]

	1987 年	2017 年
潮劇團名稱	昇藝潮劇團	香港新天彩潮劇團
潮劇演出日期	農曆七月初一至初三	農曆七月初一至初三
場地	東頭村 23 座	賈炳達道公園
初一	晚上 8 時至凌晨 1 時	下午 4 時開演 晚上 7 時至 11 時
初二	中午 2 時至 4 時 晚上 8 時至凌晨 2 時	下午 1 時至 2 時 晚上 7 時至 11 時
初三	中午 12 時至「上座」 儀式開始 晚上 8 時至凌晨 6 時	下午 12 時至 1 時 晚上 7 時至 11 時

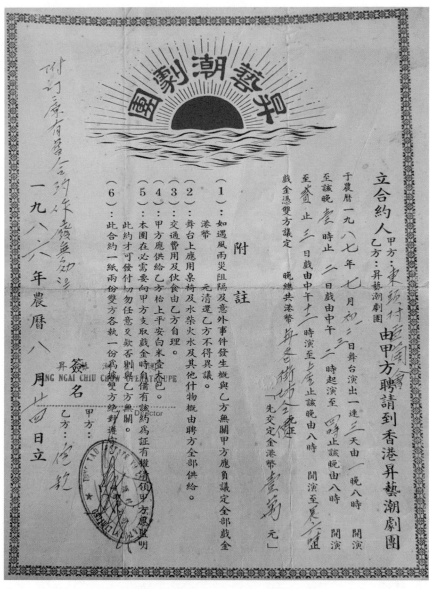

昔日盂蘭勝會神功戲流行演出到凌晨時份，稱為「天光戲」。圖為 1987 年東頭村盂蘭與昇藝劇團合約，當中列明在第三晚的神功戲要由晚上 8 時演至翌日早上 6 時。

[223] 新天彩潮劇劇團戲班班主黃素玉女士訪問，2021 年 6 月 16 日。

[224] 〈公演潮劇齋戒三天 荃灣潮僑舉行盂蘭勝會熱鬧 官紳各界紛臨坊眾萬人空巷〉，《華僑日報》（1965 年 8 月 9 日）。

[225] 〈油塘灣潮僑盂蘭會 未經核准擅演戲 主事人共罰二千〉，《華僑日報》（1976 年 10 月 21 日）。

[226] 1987 年東頭村盂蘭勝會與昇藝潮劇團合約；2017 年東頭村盂蘭勝會與香港新天彩潮劇合約。

玉梨春潮劇團由陳對長於 1976 年創立。圖為 2021 年西貢區盂蘭勝會。

荃灣深井潮僑街坊盂蘭勝會已連續數年禮聘玉梨春潮劇團演出潮州鐵枝木偶戲。

比較 1987 年與 2017 年兩份合約內容可見，直到 1980 年代，東頭村盂蘭潮劇神功戲仍然在每晚都演出天光戲，第三晚潮劇更會演至清晨 6 時。直到 1990 年代初，東頭村盂蘭勝會搬到賈炳達道公園，才取消表演天光戲[227]。除此以外，2017 年該會潮劇神功戲的表演時間相對減少，晚戲較之前提早一小時舉行，並且不再做天光戲了。過去市民為口奔馳，娛樂選擇甚少，每年觀賞盂蘭潮劇神功戲成為不少老一輩的潮汕人的集體回憶。

鐵枝木偶戲

1. 潮州鐵枝木偶戲

木偶戲又稱傀儡戲，是一種十分古老的民間戲劇種類，後來隨內地移民傳入香港。香港木偶戲大致分為杖頭木偶、提線木偶、掌中木偶、皮影木偶、手托木偶、鐵枝木偶等。鐵枝木偶戲流行於潮汕一帶，潮汕人稱「皮猴戲」，相傳這種表演藝術是由皮影戲演變而來，最遲清末民初流行於民間。初時鐵枝木偶戲分為潮音班和漢調班，現時潮音班仍在廣東省揭陽縣等地演出，而漢音系統則已失傳。[228]

圖為 2022 年深井潮僑街坊盂蘭勝會戲棚後臺佈局。

2. 鐵枝木偶戲形制

鐵枝木偶約長八吋至 12 吋，頭部以泥土塑成，頭底有一條鐵線連着，偶頭可以與偶身分離，方便轉換到不同服飾的偶身。四肢關節以鐵片串連，手及手指以紙紮鐵絲製成，足部則以木雕而成[229]。鐵枝木偶顧名思義，表演者用木偶背部和手部的鐵桿舞動木偶。每次表演通常有兩至三位表演者，劇中主角由一位表演者操縱，其餘閒角動作較少，則可由一位表演者操縱四個木偶之多。一般而言，戲臺高 4.5 米，長六米 ，闊四米，戲臺的結構也較簡單，臺前掛有劇團的紅布，表演者、樂師和伴唱演員則坐於幕後。表演者會盤膝而坐，一邊操控木偶，一邊演唱[230]。劇目方面，鐵枝木偶戲與潮劇大致相同，由於今日人才短缺，玉梨春常演出的劇目有《武則天》、《李旦出世》、《仙姬送子》和《別仙橋》等。

3. 鐵枝木偶戲與香港潮人盂蘭勝會 – 以玉梨春劇團為例

1950 至 1960 年代中期，香港潮州鐵枝木偶戲班有正明順、老源正、新順香、東藝潮劇團和新天彩等。其後，香港流行以真人公演潮劇，木偶戲班相繼停辦。迄今香港只剩玉梨春潮劇團會於盂蘭勝會兼演鐵枝木偶戲。玉梨春潮劇團創辦人陳對長出生於潮州潮陽，自小學習做戲，於 20 多歲時來港謀生，曾加入過不少潮劇戲班。他初時在上水古洞演潮劇，至 1960 年代招收徒弟，結識了張玉鳳，後來二人共諧連理。1976 年陳對長創立玉梨春潮劇團，紮根在九龍城，當時既有潮劇神功戲，也有鐵枝木偶戲。

[227] 東頭村盂蘭勝會鄭相德訪問，2022 年 9 月 23 日。
[228] 曹本治：《香港的木偶皮影戲及其源流》(香港：香港市政局出版，1987 年)，頁 49-50。
[229] 玉梨春劇團考察，2022 年 7 月 23 日。
[230] 曹本治：《香港的木偶皮影戲及其源流》(香港：香港市政局出版，1987 年)，頁 51-52。

圖為 2021 年西貢區盂蘭勝會上演鐵枝木偶戲的情況。

本團承接：神功戲舞台大戲，八音大鑼鼓，新編特技公仔戲，婚姻壽筵會助唱，收音錄映等。[231]

1970 年代末，香港鐵枝木偶劇團相繼停辦，玉梨春潮劇團則一口氣聘請四個專業操控鐵枝木偶的師傅[232]。鐵枝木偶劇團班底通常是十多個人手，以往玉梨春屬於大型戲班，最少有三人操控木偶、四人唱曲、「文場」即拉及吹奏樂器的樂師四人、「武場」敲擊樂器的樂師五人，合共 16 人，另有司鼓作為整個樂隊的指揮。1990 年代，觀眾更愛看真人演出的潮劇，鐵枝木偶戲市場進一步萎縮。以 2021 年西貢區盂蘭勝會為例，戲班人數大致是三人負責操控木偶，文、武場各需四人，另外最少三人負責演唱，大約有 14 人，是全屬本地班底。[233]

2009 年，玉梨春創辦人去世，其妻子張玉鳳秉承丈夫的遺志，帶領玉梨春繼續演出鐵枝木偶戲。然而，鐵枝木偶戲面對傳承青黃不接，生意大幅減少等問題，許多潮劇團都已取消鐵枝木偶戲演出，只有玉梨春仍做鐵枝木偶戲。陳對長與張玉鳳有四個女兒，自小女兒們便要跟父親學戲，上臺幫忙表演，全家總動員去演出鐵枝木偶戲[234]。陳育為坦言，現時很多年老的演員都相繼離世，即使具豐富經驗者也年紀漸長，加上沒有年輕人入行，現時鐵枝木偶戲的本地班底全部都是六、七十歲的師傅，體力難以應付長時間的表演活動。[235]

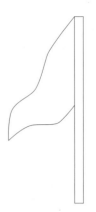

2022 年深井潮僑街坊盂蘭勝會鐵枝木偶樂器：[236]

	樂器種類	名稱		樂器種類	名稱
文場樂器	拉奏樂器	椰胡 二胡	武場樂器	木打擊樂器	木板 木魚 輔板
	吹奏樂器	嗩吶		革打擊樂器	中鼓 柿餅鼓 潮州大鼓
	彈奏樂器	揚琴		銅打擊樂器	欽仔 斗鑼 九仔鑼 鑼仔 曲鑼 戰鑼 大鈸 小鈸 深波

[231] 潮州公和堂聯誼會會刊編輯委員會：《潮州公和堂聯誼會會刊》（香港：精本印刷有限公司，1987 年 5 月 1 日），缺頁。

[232] 〈鐵枝木偶戲深井獻技 臨「無後」絕境 玉梨春劇團力撐到最後〉，《香港商報》（2018 年 9 月 3 日）。

[233] 西貢區盂蘭勝會考察筆記，2021 年 9 月 4 日。

[234] 西貢區盂蘭勝會考察筆記，2021 年 9 月 3 至 4 日。

[235] 陳育為謂母親已年紀老邁，身體狀況不佳，現時只為堅持母親的心願而做，如果母親主動不再做戲，她們幾姊妹也不會繼續做下去，因為自己年紀也不小，身體也不夠靈活。西貢區盂蘭勝會考察筆記，2021 年 9 月 4 日。

[236] 深井潮僑街坊盂蘭勝會考察筆記，2022 年 8 月 13 日。

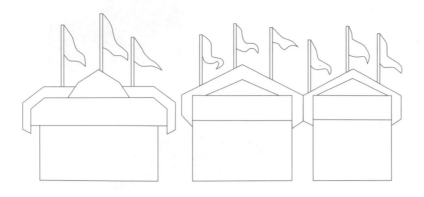

小結

不可否認的是，潮劇存在着語言限制，不少新一代的潮汕人士不諳潮州方言，根本聽不懂潮劇歌詞的內容，更遑論欣賞潮劇。近年，香港潮劇團引進字幕機，讓更多街坊能夠投入欣賞潮劇，但觀眾多是老一輩潮汕街坊善信[237]。有的盂蘭會為吸引觀眾，娛樂街坊，先演時代曲，後演潮劇。如 2015 年，藍田街坊潮僑第 50 屆盂蘭勝會於農曆七月初九日，先有「時代曲獻唱」，接着於農曆七月初十至十二日禮聘新昇藝潮劇團，演出潮劇神功戲[238]。加上，現代娛樂多元化，潮劇不再是本地潮州人唯一的娛樂，所謂沒有需求，就沒有供應。全年只有少數工作機會，潮劇演員收入不穩且微薄，在沒有表演的時候只好另覓工作，維持生計。久而久之，不少演員寧願放棄戲班工作。年輕一代眼見潮劇一行沒有出路，便不會選擇入行，行業持續沒有新血，自然不斷萎縮[239]。隨着香港盂蘭團體限於經費和場地限制，唯有縮減戲棚規模，而潮劇戲班則減少演員數目，亦有盂蘭團體直接取消演出神功戲。

新冠肺炎疫情肆虐，導致內地封關，影響疫情內地戲班無法來港演出。2021 年旺角潮僑盂蘭勝會獲政府批文，准許舉辦盂蘭勝會，前題是必須有潮劇演出。時間緊迫，新天藝潮劇團在短短一個月內籌組班底，正如宣傳單張描述「集合香港五代潮劇人員拍和演出」[240]。又部份盂蘭勝會轉而禮聘潮州鐵枝木偶戲演出，2021 年玉梨春出現了近年鮮有的「小陽春」，在農曆七月期間共有三臺鐵枝木偶戲演出，包括：深井潮僑街坊盂蘭勝會、錦田八鄉大江埔潮僑盂蘭會及西貢區盂蘭勝會。[241]

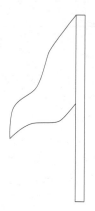

[237] 1992 年新天彩潮劇團戲班黃素玉聘用內地戲班的同時，引入字幕機。2021 年 6 月 16 日，與「新天彩潮劇團」的戲班班主黃素玉女士進行訪問的內容。
[238] 2015 年藍田街坊潮僑第 50 屆盂蘭勝會橫額。
[239] 新天藝潮劇團戲班班主黃偉倫先生訪問，2021 年 7 月 23 日。
[240] 旺角潮僑盂蘭勝會考察與訪問筆記，2021 年 8 月 17 至 19 日。
[241] 西貢區盂蘭勝會考察筆記，2021 年 9 月 3 日至 4 日。

第五章

承先啟後：
從盂蘭勝會到
香港潮屬社團總會

第一節　香港潮人盂蘭勝會的組織及工作

「盂蘭會」組織結構

籌辦盂蘭勝會絕不簡單，背後必須有一個完善的組織負責統籌工作，方能夠順利舉行年復一年的祭祀活動。這類統籌盂蘭勝會的組織簡稱「盂蘭會」，創辦成員大都是香港潮汕人士。陳蒨指出，主辦盂蘭勝會的組織簡單可以分為兩大類，第一類是地區組織，第二類是廟宇[242]。無論哪一類型均帶有地緣性，兩者均習慣以地區名稱開首，清晰交代「盂蘭會」服務範圍。第一類盂蘭會較容易從名稱上了解其組織結構和性質，如工商組織、協進會、聯誼會或福利會等。第二類盂蘭會是由廟宇組織籌辦或其業務兼管理廟宇，前者如慈德社天后廟[243]，後者則難以盂蘭會名稱推敲出來，如紅磡三約潮僑盂蘭友誼會。[244]

部份盂蘭會的廟宇名單：[245]

盂蘭團體名稱	廟宇
九龍仔信福德堂有限公司	九龍仔福德古廟
黃竹坑大王爺廟盂蘭勝會	黃竹坑大王爺廟
上水虎地坳盂蘭勝會	呂祖廟
大王爺廟有限公司	大王爺廟
牛頭角工商聯誼會聖人公媽廟有限公司	牛頭角聖人公媽廟
牛頭角區潮僑聯誼會（福德廟）有限公司	牛頭角福德廟
石籬福德善社有限公司	石籬福德古廟
西貢區盂蘭勝會有限公司	關大德廟

盂蘭團體名稱	廟宇
西區石塘咀天福慈善社有限公司	天福慈善社
紅磡三約潮僑盂蘭友誼會有限公司	寶其利街福德廟
彩雲邨潮僑天德伯公有限公司	天德伯公廟
深井潮僑街坊盂蘭勝會有限公司	深井天地父母廟
順天福德老爺廟有限公司	順天福德老爺廟
慈雲閣有限公司	慈雲閣
慈德社天后廟	慈德社天后廟
福德堂善社有限公司	橫頭磡福德祠
德教保慶愛壇有限公司	大王爺廟
錦田八鄉大江埔潮僑盂蘭會	天德宮
聯光佛堂有限公司	達摩廟
香港德教紫靖閣有限公司	香港德教紫靖閣
佛教觀園修苑有限公司	佛教觀園修苑

「盂蘭會」是周期性祭祀活動籌備單位，屬於非政府機構，須向政府登記註冊。它們會按其組織的營運性質和能力，註冊為社團、公司和慈善團體。社團分為社團註冊和豁免社團註冊，由警察牌照課批核，註冊資格和規範相對簡單。公司分為無限公司和有限公司，後者再細分股份有限公司和擔保有限公司 [246]。慈善團體享有豁免繳稅地位，但受政府監管最為嚴格。「盂蘭會」大都採用社團註冊或有限公司的名義登記，近年不少「盂蘭會」為增加社會大眾的認同，把原有社團註冊和有限公司申請成為慈善團體。據統計，2014年約有 13 個盂蘭組織為慈善團體 [247]，至 2021 年已有近 20 個盂蘭組織為慈善團體。

[242] 陳蒨：《潮籍盂蘭勝會：非物質文化遺產、集體回憶與物份認同》（香港：中華書局，2015 年 12 月初版），頁 41-45。

[243] 慈德社成立於 1950 年，由潮州人郭忠平等創辦，負責管理慈德社天后廟，每年農曆七月十九日舉行盂蘭勝會。

[244] 紅磡三約潮僑盂蘭友誼會負責管理寶其利街福德廟。

[245] 2012 年至 2022 年長春社文化古蹟資源中心田野考察筆記，未刊。

[246] 香港社會服務聯會：〈管治有道：不同法律形式的非政府機構管治〉，載《非政府機構董事會網絡計劃通訊》第 13 期，缺日期。

[247] 陳蒨：《潮籍盂蘭勝會：非物質文化遺產、集體回憶與物份認同》（香港：中華書局，2015 年 12 月初版），頁 41-45。

以下是申請為慈善組織的盂蘭勝會名單：[248]

申請年份	組織名稱	根據《稅務條例》第 88 條獲豁免繳稅的慈善機構及慈善信託的名單
1972 年	香港德教紫靖閣	香港德教紫靖閣有限公司
1980 年	西環盂蘭勝會有限公司	同左
1987 年	慈雲閣有限公司	同左
1992 年	聯光佛堂有限公司	同左
1997 年	慈德社天后廟	慈德社有限公司
1998 年	荃灣潮僑盂蘭勝會有限公司	同左
1998 年	德教保慶愛壇有限公司	同左
2000 年	三角碼頭盂蘭勝會	佛教（三角碼頭盂蘭勝會）慈善有限公司
2004 年	錦田八鄉大江埔潮僑盂蘭會	錦田八鄉大江埔潮僑盂蘭會有限公司
2006 年	香港潮僑公益協進會有限公司	同左
2008 年	牛頭角工商聯誼會聖人公媽廟有限公司	同左
2009 年	牛頭角區潮僑聯誼會有限公司	牛頭角區潮僑聯誼會（福德廟）有限公司
2013 年	九龍仔信福德堂有限公司	同左
2013 年	香港仔田灣邨華富邨華貴邨潮僑坊眾盂蘭勝會	香港仔田灣邨華富邨華貴邨潮僑坊眾盂蘭勝會有限公司
2014 年	深井潮僑街坊盂蘭勝會有限公司	同左
2015 年	西貢區盂蘭勝會有限公司	同左
2016 年	觀塘潮僑工商界盂蘭勝會有限公司	觀塘潮僑工商界盂蘭勝會慈善基金有限公司
2017 年	藍田街坊盂蘭會有限公司	藍田街坊盂蘭有限公司
2019 年	九龍城潮僑盂蘭會有限公司	同左
2021 年	大王爺廟有限公司	同左

長沙灣潮僑盂蘭勝會創辦於 1949 年，因應社會發展，組織性質及名稱亦有所演變。圖為 2022 年長沙灣潮僑盂蘭勝會。

隨着時代進步，因應社會發展，盂蘭會的組織性質及名稱亦有所演變。舉例來說，長沙灣潮僑盂蘭勝會創辦於 1949 年，由長沙灣地區一帶的潮州商戶和拆船廠老闆及工人合力籌備。1984 年，長沙灣潮僑盂蘭勝會註冊為有限公司，並於長發街 14 號四樓自置會址，隨後於 1986 年易名為長沙灣潮僑工商盂蘭聯誼會有限公司。回歸以後，該組織認為再用「潮僑」並不恰當，遂易名為長沙灣潮州工商盂蘭聯誼會。2011 年，香港潮人盂蘭勝會納入國家級非物質文化遺產，並於 2019 年出版紀念特刊，名為《中華人民共和國國家級非物質文化遺產 香港特別行政區 長沙灣潮州工商盂蘭聯誼會》。

1949 年至 2015 年長沙灣潮僑盂蘭勝會名稱：[249]

年份	名稱	會址
1949 年	長沙灣潮僑盂蘭勝會	--
約 1986 年	長沙灣潮僑工商盂蘭聯誼會有限公司	長發街 14 號四樓（於 1984 年購置）
1997 年	長沙灣潮州工商盂蘭聯誼會	同上
2015 年	長沙灣潮州工商盂蘭聯誼會	元州街 265 號昌發大廈二樓（2016 年 5 月 15 日啟用）

[248] 根據《稅務條例》第 88 條獲豁免繳稅的慈善機構及慈善信託的名單，2021 年 11 月 30 日，https://www.ird.gov.hk/chi/tax/ach_search.htm。

[249] 港九新界潮僑盂蘭勝總會編輯部：《長沙灣潮州工商盂蘭聯誼會 歲月留情 說今追古》（香港：港九新界潮僑盂蘭勝總會編輯部，2022 年），頁 28 至 29。

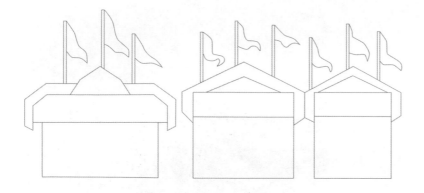

「盂蘭會」宗旨

「盂蘭會」的主要業務是舉辦盂蘭勝會，聯絡鄉誼和慈善救濟亦是它們不可或缺的工作，從「盂蘭會」章程列明的宗旨可見一斑。以西區正街水陸坊眾盂蘭聯誼會為例，其宗旨有三：

1. 遵循民間傳統，聯絡情誼，本着為善最樂，福有攸歸之佛道信仰，發揚博愛，仁慈人道互助之精神。
2. 每年習俗，以農曆七月十八日至二十日一連三天，舉辦盂蘭勝會。
3. 致力舉辦贈醫施藥，響應政府及其他社團之慈善活動。

特別是宗旨三，在過去福利制度未完善的時代，「盂蘭會」時常響應政府及團體參與慈善活動。隨着社會進步，「盂蘭會」淡化了慈善救濟的角色，派發平安米成為體現慈善救濟的精神。

「盂蘭會」組織架構

「盂蘭會」雖屬於周期性祭祀組織，仍需要大量人力和財力，常設有長老、總理、會長和值理等職位，數量多寡則按組織規模而定。長老地位德高望重，過去大多曾擔任過總理一職，具有豐富籌辦盂蘭勝會的經驗，在「盂蘭會」充當顧問的角色。長老間有參與部份盂蘭勝會，如擲杯選總理，負責神前擲杯。一般而言，會長會管理「盂蘭會」組織，統籌組織日常運作。總理名義上統籌整個盂蘭勝會，代表盂蘭勝會參與各項祭祀儀式，值理則協助總理籌辦盂蘭勝會實務工作。此外，「盂蘭會」亦設有財政、秘書和總務等職位，分工合作處理會務。

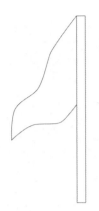

1979 年西區正街水陸坊眾盂蘭聯誼會組織章程：[250]

（二）職位：

會長：（甲）召集主持會員大會和執行委員會。

（乙）對外代表本會。

（丙）掌管本會印鑑。

副會長：（甲）協助會長達成一切會務工作。

（乙）於會長因故未能任職時，代理其職務。

總理：主持一年一度舉辦盂蘭勝會申請手續及安排各項會
務工作。

總務：秉承執行委員會一切應辦事宜，保管公物。

財務：統理本會一切財務收支。收入超過五百元以上要即
交銀行存款，支出超過五百元者，必須執行委員會
通過或由會長或總理簽許。

秘書：（甲）協助提供給會長或總理有關一切資料。

（乙）統理本會一切來往文件，保管檔案。

康樂：統理本會一切康樂活動。

福利：統理本會一切福利工作。

公關：統理本會一切交際聯絡事宜。

委員：協助執行委員會各組會務工作。

每個「盂蘭會」各有自己的傳統，組織職銜和職責均有差異，但
都是義務擔任，沒有收取任何報酬。他們各司其職，各盡其能，
齊心協力，方能每年籌辦大型盂蘭勝會。

[250]　香港政府檔案處，檔案編號：HKRS590-2-259，21.8.1979 - 28.12.1993。

各盂蘭勝會組織會按照自己的傳統選出代表,問杯是其中一個常見的形式。圖為 2013 年粉嶺潮僑盂蘭勝會問杯選總理的儀式。

圖為 2013 年石籬石蔭安蔭潮僑盂蘭勝會問杯選總理的儀式。

選取總理的方法

各盂蘭勝會組織會按照自己的傳統,每年選出代表統籌和執行相關的工作,較常見的形式有擲杯和推舉,各適其適,當中最多採用擲杯形式。所謂「杯」是指兩塊月牙形的紅色木頭,外型一面是凸,一面是平。如擲出一凸、一平稱為聖杯,擲出兩個平稱為陰杯(笑杯),擲出兩個凸則為陽杯(寶杯)。每年農曆七月十六至廿日,深水埗石硤尾白田邨潮僑盂蘭勝會假石硤尾偉智街足球場舉行,屆時場內張貼通告,通知擲杯選總理時間:

> **本會定於十七日晚八時在神壇前筊選壬辰年總理、副總理,**
> **敬請全體理事、會員踴躍參加,同謀善事,共創善舉。**[251]

以 2011 年為例,深水埗石硤尾白田邨潮僑盂蘭勝會共選出五名神選理事,分別是一名正總理和四名副總理 [252]。又如深井潮僑街坊盂蘭勝會於第一天晚上 8 時許在會址舉行擲杯選總理儀式,共擲

競投福品是盂蘭團體主要的收入來源之一。圖為 2013 年中西區石塘咀街坊潮僑盂蘭勝會的競投福品環節。

出兩名正副總理、兩名正副總務、兩名正副財政和 12 名理事人選。事前該會已推舉近 20 位候選人,姓名寫在字條,並對摺放入膠桶。儀式舉行時,工作人員抽出兩張字條,放在紅色膠盤上,由當年總理負責擲杯。候選人需要擲出兩個聖杯、一個「成」(陽)杯,代表獲神靈的認可,當選下一屆總理。理事則要擲出兩個聖杯方能當選[253]。現時有不少盂蘭組織面對人手不足的問題,部份放棄擲杯選總理,改以協商形式選出總理,透過組織內成員之間互相推薦,從而選出適合的人選,並分配不同職位予會員。

「盂蘭會」經費來源

籌辦一次盂蘭勝會的開銷多寡,還得看規模之大小。一般而言,支出大致可分為搭棚費、保險費、聘請戲班、聘請經師誦經、購買祭品和平安米等。輕則數十萬,重則過百萬。每年按通漲,開支相繼上升。至於收入方面,不外乎三個渠道:一是向善信籌集,二是統籌者捐款,三是競投福品。[254]

近年來,街坊的捐款愈來愈少,皆因隨城市發展,不少舊日的支持者已遠去,即使其後代仍居住在該區,亦不代表會繼續支持[255]。以往盂蘭勝會較容易向善信籌募經費,因為區內小店林立,街坊與店主關係緊密,然而現時社區內大多數是連鎖商店,故難以如往日

[251] 深水埗石硤尾白田邨潮僑盂蘭勝會通告,2011 年。
[252] 2011 年辛卯年深水埗石硤尾白田邨潮僑盂蘭勝會神選理事通告。
[253] 深井潮僑街坊盂蘭勝會鄭文光訪問,2022 年 8 月 13 日。
[254] 黃競聰:《風俗通通識》(香港:長春社文化古蹟資源中心,2012 年),頁 38。
[255] 黃競聰:《風俗通通識》(香港:長春社文化古蹟資源中心,2012 年),頁 38。

現時競投福品的支持者愈來愈少，盂蘭團體須要為環節增添新意才能吸引大眾競投。圖為 2013 年荃灣深井潮僑街坊盂蘭勝會的競投福品環節。

般向商家募捐。從前更有不少商戶會主動代收街坊的捐款，在盂蘭勝會前轉交予組織，成為兩者之間的聯絡中心。可惜現時在城市發展下，社區內的居民關係日趨疏離，甚至互不相識。加上新型住宅樓宇亦保安森嚴，盂蘭組織更是無法到住戶家中募捐。[256]

另一主要收入來源是競投福品。此環節通常會在盂蘭勝會的第二或第三天晚上進行，福品由善信捐出或盂蘭組織購買，放置在天地父母棚神樓前供奉。有的盂蘭會為增氣氛，設宴款待一眾有意參與福品競投的街坊善信。競投方法主要是價高者得，部份盂蘭會則採用「暗標」形式競投，意指每年的某些福品已經由同一位善信或商戶預先出價認投；或是福品會繼續公開競投，但圈內的競投者早已得悉情況，他們不會主動參與競投。有些福品甚至不公開競投，每次盂蘭活動完結後，大會會主動將福品送往商戶公司或是善信手上[257]。按傳統投得福品的善信最遲於明年盂蘭勝會舉行前付款便可。

過去，常見的競投福品有：香爐、神像、玉器、金飾、花瓶瓷器、擺設、字畫、家庭用品、名酒、生果貢品等。福品的價值通常有高有低，以迎合不同經濟條件的街坊[258]，讓不論貧富的善信都可以享受福品競投的樂趣和意義。現時為迎合時代需要，福品會加入電子產品、家庭電器等實用及新穎的物品，以吸引更多人來競投。

隨時代發展，福品競投已變得不再熱烈，有不少盂蘭勝會組織已經取消了福品競投活動[259]。潮州公和堂盂蘭勝會的蔡耀達曾經先後在黃竹坑、石排灣和石塘盂蘭會擔任競投福品競投環節的司儀，具有 30 多年經驗，見證了盂蘭勝會的興衰。他說從前競投福品不用

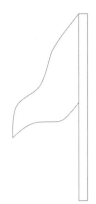

擔心沒有善信競投，有時候當所有福品已競投完畢，還會被追問有沒有更多福品可以再競投，善信們甚至連司儀臺背後的風扇也不放過，反應相當熱切[260]。然而，近年福品競投環節反應冷淡，故此也因應情況稍為改動競投形式，與其看見場面空蕩無人舉手競投，不如請善信主動認投福品。例如請善信 A 先揀選有興趣的福品，然後再拿出來競投，這樣就能確保一定會有人出價競投，免得司儀空吶拍賣福品無人問津。

「盂蘭會」的會址

「盂蘭會」創辦初期，往往由數個至十多個潮州家庭發起，只進行簡單衣儀式。後來，參與人數日增，規模逐漸擴大，開始禮聘佛社和戲班，誦經超渡，表演神功戲。隨着「盂蘭會」日漸發展，經年累月儲蓄了一筆資金，它們再進一步購買會址，讓成員享有自己的聯誼場地，以及存放盂蘭勝會用具的空間。如深井潮僑街坊盂蘭勝會由生力啤潮籍員工發起，更成立了自助組織，於 1960 年代成立荃灣潮州福利會深井分會，後易名為深井潮州福利會。該會籌建會址的過程殊不容易，幸獲生力啤酒廠經理窩拿先生支持，終順利建成會址。今會址有兩塊石碑，記載窩拿與深井潮州人的淵源。[261]第一塊石碑是 1985 年《深井盂蘭勝會會址碑記》：[262]

[256] 陳蒨：《潮籍盂蘭勝會：非物質文化遺產、集體回憶與身份認同》(香港：中華書局，2015 年 12 月初版)，頁 210。
[257] 香港潮屬社團總會永遠名譽主席馬介璋訪問，2021 年 8 月 24 日。
[258] 胡炎松：《盂蘭的故事》(香港：三聯書店，2019 年)，頁 105。
[259] 陳蒨：《潮籍盂蘭勝會：非物質文化遺產、集體回憶與身份認同》(香港：中華書局，2015 年 12 月初版)，頁 207。
[260] 潮州公和堂盂蘭勝會蔡耀達訪問，2022 年 8 月 20 日。
[261] 黃競聰：〈窩拿與深井潮僑街坊盂蘭勝會〉，蕭國健、游子安主編：《鑪峰古今：香港歷史文化論文集 2014》，頁 172-183。
[262] 此碑記位於深井潮僑街坊會址內。

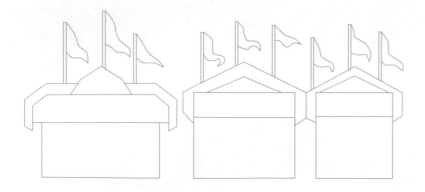

本會地基（深井潮州福利會）先蒙窩拿先生借出，現以贈送方式將該幅約壹千百餘平方呎，地基轉名深井潮僑盂蘭勝會承受，並由本會永遠會長周鎮裕先生代表簽署本會購約港幣一萬餘元之紀念品敬贈 窩拿先生留念。

第二塊石碑位於會址門前：

本地基蒙深井潮僑盂蘭勝會慨借與本會所作為臨時會址謹立銘碑□致謝忱

深井潮州福利會敬立

一九八五年

1967 年，窩拿先生借地 1,600 餘尺，讓該會興建深井潮州福利會會址，建築費用則由深井村民自行籌募。1985 年，窩拿先生改以贈送形式，直接把會址送給深井潮僑街坊盂蘭勝會，會址亦借給深井潮僑街坊福利會使用[263]。會址是盂蘭勝會重要的資產，必須有效管理，不少盂蘭會藉此完善組織架構，成立理事會，甚至申請成為非牟利團體。

西環僻處一隅，亦不遜於人，乃於 1964 年成立西環街坊盂蘭勝會⋯理監事等鑒於天地之奉祀，公物之存放，尚乏所需，乃於一九七二年發起籌款購置會所，全體理事熱心捐獻，集腋成裘，會所置於西環吉直[席]街 54 號二號，契約由魏少庭陳禮代表簽名，原契由值屆董事長保管。[264]

西環盂蘭勝會成立於 1964 年，該會於 1977 年正式申請為非牟利慈善團體，易名為西環盂蘭勝會有限公司。早於 1972 年，西環盂蘭勝會已於西環吉席街購置會址。1977 年，該會正式申請為有限公司。隨着會務日隆，該會積極參與公益事務，遂於 1980 年申請為慈善團體。會址更分別於 1992 年和 1999 年進行裝修，址內置

深井潮僑街坊盂蘭勝會籌建會址的過程殊不容易，今會址有兩塊石碑，
記載生力啤酒廠經理窩拿先生與深井潮州人的淵源。

有一塊鏡架文字詳述西環盂蘭勝會的歷史，還有一塊鏡架文字載
有購置會所發起人和維修會所捐款芳名。[265]

小結

籌辦盂蘭勝會需要大量人力，擔任盂蘭勝會會長或總埋毫不簡單，
既要出錢，又要出力，是一件吃力的事情。以往大家都會爭相擔任
要職，但是凡事需要親力親為，非常困身。很多時大家有正職在身，
經濟發展下未能隨時隨地抽空籌辦盂蘭勝會。而且今時今日，舉
辦盂蘭勝會收支不平衡已算是司空見慣，很多時會長更有義務「包
底」，為虧損部份撥帳，令人卻步。

[263] 黃競聰：〈窩拿與深井潮僑街坊盂蘭會〉，蕭國健、游子安主編：《鑪峰古今：香港歷史文化論文集
　　　2014》，頁 172-183。
[264] 《西環盂蘭勝會史略》，1992 年中秋會所重新裝修竣工後而寫。該石碑置於會所。
[265] 西環盂蘭勝會鄭仁創訪問，2022 年 8 月 6 日。

部份 2021 年盂蘭會理事年齡分佈概況：[266]

盂蘭會名稱	80歲以上	60-80歲	40-60歲	40歲以下	總數
西貢區盂蘭勝會有限公司	4人	25人	33人	10人	72人
潮州公和堂聯誼會有限公司	3人	28人	18人	--	49人
秀茂坪潮僑街坊盂蘭勝會	8人	10人	5人	2人	25人
順天邨盂蘭勝會	5人	5人	--	--	10人
德教保慶愛壇有限公司	50人	50人	--	--	100人
中區卅間街坊盂蘭會	4人	10人	8人	8人	30人
東頭村盂蘭勝會有限公司	10人	30人	10人	--	50人
藍田街坊潮僑盂蘭勝會	3人	7人	2人	--	12人
香港西區石塘咀潮僑盂蘭勝會	6人	56人	18人	--	80人
彩雲邨潮僑天德伯公盂蘭勝會	--	5人	1人	--	6人
旺角潮僑盂蘭勝會有限公司	2人	3人	4人	--	9人
慈雲山竹園鳳德邨潮僑盂蘭勝會	7人	7人	1人	--	15人
九龍城潮僑盂蘭會有限公司	--	20人	--	--	20人
尖沙咀官涌盂蘭勝會有限公司	4人	16人	--	--	20人
油麻地旺角區四方街潮僑盂蘭會	10人	20人	20人	10人	60人
深井潮僑街坊盂蘭勝會有限公司	--	10人	7人	--	17人
粉嶺潮僑盂蘭勝會有限公司	--	2人	16人	3人	21人
石籬福德善社有限公司	10人	50人	47人	3人	110人
香港仔田灣邨華富邨華貴邨潮僑坊眾盂蘭勝會有限公司	2人	4人	3人	--	9人
香港德教紫靖閣	--	6人	2人	--	8人
黃大仙新蒲崗鳳凰村盂蘭勝會有限公司	40人	30人	20人	30人	120人
九龍公共小型巴士潮僑籍工商聯誼會	5人	5人	15人	5人	30人

隨着擔任盂蘭勝會統籌的長老年紀開始老邁，身體不能再負荷這麼繁重的籌備和執行工作，其他值理也大多年老。時移世易，時下年輕一輩鮮少接觸盂蘭勝會，信眾日減，使盂蘭會難以尋找年輕的接班人。各區盂蘭勝會都面對後繼無人和人手不足的問題，導致盂蘭勝會的籌辦人員出現斷層。

第二節　香港潮屬社團總會

成立過程

香港潮汕人士扎根香港多年，他們的成就遍佈政、商、學、藝、體各界，成立 100 多個潮屬社團。隨着社會進步和發展，在港潮人有感團結同鄉的重要，需要一個跨界別的社團組織，更有效地凝聚和服務鄉親，為香港社會作出貢獻。香港潮商會第 42 屆會長陳偉南、唐學元等鄉賢提倡籌組一個聯合香港潮汕人士的組織，並得到熱烈響應[267]。自 2000 年起，陳偉南邀請全港潮汕社團首長及潮汕知名人士定期舉行聚餐會，收集意見，積極籌備新組織[268]。2001年 10 月，香港潮屬社團總會（Federation of Hong Kong Chiu Chow Community Organizations）（以下簡稱：潮屬總會）正式宣告成立[269]，由 42 個社團及各界潮汕知名人士組成，屬下團體會員和個人會員超過 15 萬。翌年 4 月，潮屬總會舉行第一屆會董就職典禮，成為在港最具代表性潮汕人士的團體。

[266] 《盂蘭勝會保育工作委員會成員調查報告 2021》，未刊。
[267] 周佳榮：《香港潮屬社團總會發展史》（香港：中華書局），頁 9。
[268] 周佳榮：《香港潮屬社團總會發展史》（香港：中華書局），頁 8。
[269] 〈總會簡介〉，香港潮屬社團總會網頁，網址：https://www.fhkccc.org.hk/a-list/17033-cht。

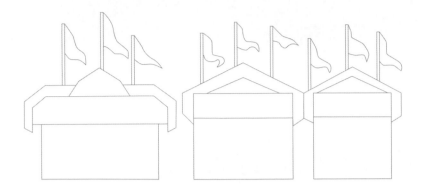

申遺關係

每年農曆七月，香港各區都有舉行盂蘭勝會，當中不少由潮汕人士籌辦，成為最能代表香港潮汕人士的傳統節慶祭祀活動。隨着時代發展，盂蘭勝會的慈善功能逐漸為港人遺忘，生存空間日益萎縮。2006年，《保護非物質文化遺產公約》正式在港生效，特區政府着手開展保育香港非遺的工作，同年粵、港、澳聯合成功申報粵劇和涼茶為首批國家級非物質文化遺產。隨着非遺概念漸受重視，時任潮屬總會主席馬介璋看準「盂蘭勝會」甚有特色，是香港潮人最重視傳統習俗之一，便有志肩負推廣香港潮人盂蘭勝會工作。經過潮屬總會內部多次討論，終於達成共識，決定開展申遺工作。由於時間緊迫，潮屬總會聯繫各區潮人盂蘭組織，搜集相關資料，並邀請游子安教授等學者參與編寫申遺報告。2009年，潮屬總會向民政事務局遞交申遺報告，最後由當局將之連同三個傳統風俗活動首次獨立申遺。2011年，香港潮人盂蘭勝會成為第三批國家級非物質文化遺產。由此可見，申遺過程由潮屬總會主動參與，政府則是輔助角色。

第三節　盂蘭勝會保育工作委員會

成立背景

香港潮人盂蘭勝會成功列入國家級非物質文化遺產，當中的傳承狀況漸受關注，各界人士也積極回應挑戰。香港潮屬社團總會作為傳承團體，肩負保育香港潮人盂蘭的使命，保育工作未敢怠慢。2011年7月潮屬總會決定成立「盂蘭勝會保育工作委員會」，以便團結地區盂蘭勝會，提供支援，並作為與政府溝通的橋樑。2012年11月，第六屆會董會議中決定成立「盂蘭勝會保育基金」，以支持每年的保育費用。[270]

1. 團結地區盂蘭團體

自 2011 年開始，保育工作委員會為加強與地區盂蘭的溝通和接觸，特別在每年農曆七月各區盂蘭勝會舉辦期間，由首長成員探訪各區盂蘭團體，增進彼此聯繫和溝通。此外，每年總會均會召開「全港各區盂蘭勝會保育傳承座談會」，邀請各區盂蘭團體的負責人出席，營造經驗交流平臺，讓各區盂蘭會分享籌辦的心得和面對的困難。席間潮屬總會更會延續傳統盂蘭節捐獻的習俗，捐助香油金給各區盂蘭團體。

2. 作為溝通橋樑

保育工作委員會擔當盂蘭勝會與政府部門之間的溝通橋樑，積極多方面支援地區盂蘭勝會的運作。2019 年 4 月，香港潮劇團體向內地出入境部門，遞交申請內地潮劇演員來港參與盂蘭勝會，當局以香港發生社會事件為由押後審批。由於臨近農曆七月，香港潮劇班主主動尋找總會協助。經委員會代為解釋情況，最終申請獲得當局通過，成功化解香港潮劇團體的危機。[271]

3. 推廣及教育工作

保育工作委員會為了弘揚盂蘭文化，積極舉辦大量推廣活動，如舉辦盂蘭文化節、座談會、研討會、製作專題節目、設立網站、出版書籍和導賞培訓等，致力增加大眾對盂蘭文化的認識，並消弭市民對盂蘭的誤解。

自 2015 年起，每年農曆七月期間潮屬總會均會舉辦盂蘭文化節，不斷推陳出新，構思新主題，透過不同類型的教育活動，推廣盂蘭文化，讓大眾更瞭解其背後的文化意義，喚起大眾關注，並把盂蘭勝會所承載的文化精髓和意義傳承下去。然而，2020 年至 2022年期間因新冠肺炎疫情，連續三年被迫停辦。

[270] 胡炎松：《疫情下的香港潮人盂蘭勝會》，未刊稿。
[271] 胡炎松：《疫情下的香港潮人盂蘭勝會》，未刊稿。

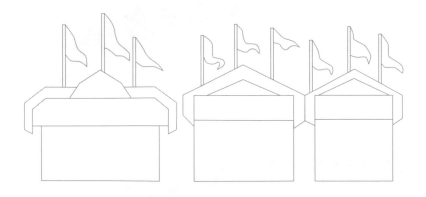

過去十年盂蘭勝會保育工作委員會工作簡表：[272]

年份	項目	內容
2012 年	舉辦潮劇潮州文化的「香港潮人盂蘭勝會」講座	
	出版《國家級非物質文化遺產——中元節（香港潮人盂蘭勝會）》紀念特刊。	此特刊記錄了盂蘭勝會的發展、文化、價值及未來展望，當中包括潮籍人士對潮人盂蘭勝會的感受和學者的研究。
2013 年	舉辦香港盂蘭勝會研討會。	邀請了香港、臺灣、中國、馬來西亞、泰國等國家和地區的專家學者參與，並在研討會後安排各主講嘉賓前往九龍城潮僑盂蘭勝會作現場考察。
	出版《國家級非物質文化遺產——中元節（香港潮人盂蘭勝會）》小冊子。	
2014 年	製作國家級非物質文化遺產《盂蘭勝會》電視專題節目。	香港潮屬社團總會與亞洲電視合作，分兩期推出專題節目。
2015 年	設立「香港潮人盂蘭勝會網站」。	網站介紹有關盂蘭勝會的背景及相關資料，將歷年來總會所製作的影像節目上網，從而達到推廣盂蘭勝會的目的。
	舉辦「潮人盂蘭勝會保育與傳承」座談會。	邀請全港各區盂蘭勝會團體研究、互相通報、交流總結保育和傳承盂蘭勝會的經驗，以推動盂蘭勝會進入新的里程。
	出版《潮籍盂蘭勝會：非物質文化遺產、集體回憶與身份認同》，陳蒨著。	香港潮屬社團總會委託香港樹仁大學教授陳蒨博士以三年時間在 50 多個公共空間舉行的盂蘭勝會進行田野考察，並與數百位盂蘭勝會的負責人、善信等進行深入訪談，詳實闡述潮籍盂蘭勝會在香港的概況。同時深入探討盂蘭勝會的非宗教性多重涵意，通過挖掘各區盂蘭勝會的源起，展示出香港人的集體回憶，並且分析盂蘭勝會如何彰顯潮人身份的符號，成為本土文化的表徵及香港人懷舊的符號。

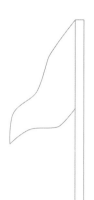

年份	項目	內容
2016 年	出版《盂蘭的故事》漫畫繪本。	以手繪漫畫配合文字,簡述盂蘭節起源、介紹潮人盂蘭勝會場地佈局及盂蘭勝會對社會的作用和對人的意義。
2017 年	出版通識專題研習教材《香港盂蘭文化與當代社會》,香港樹仁大學歷史系助理教授區志堅博士、黎漢傑著。	向中學生派發,認識香港盂蘭文化與當代社會關係。
	出版《盂蘭文化節資訊集(活動小冊子)及場地導覽圖》。	
	舉辦「潮州文化在明才——校園搶孤競賽」。	與荃灣路德會呂明才中學的通識和歷史科目共同舉行「搶孤競賽」和「盆供堆疊賽」。
2019 年	出版《盂蘭的故事》解密完整篇。	
	舉辦「香港潮籍盂蘭勝會與潮劇在文學上的價值」學術演講暨交流會。	香港潮屬社團總會專程從日本邀請研究中國傳統祭祀戲劇多年的田仲一成教授來港分享研究成果,並與出席嘉賓進行交流,探討香港潮人盂蘭勝會可持續發展的道路。
2021 年	舉辦「三個潮籍盂蘭勝會:研究、傳承與推廣」計劃——香港潮人盂蘭勝會漫畫和短片發佈會暨座談會。	香港樹仁大學陳蒨教授舉行發佈漫畫和短片會,分享聯同樹仁大學同學製作的一套以潮籍盂蘭勝會為主題的漫畫,和記錄新冠肺炎疫情下盂蘭勝會轉變的短片。另外邀請了各個傳承團體的代表出席,一同交流非遺知識。

[第五章　承先啟後:從盂蘭勝會到香港潮屬社團總會]

孟蘭勝會保育工作委員會名單：

主席：　　馬介璋
副主席：　莊學山　許學之　陳幼南　吳哲歆　陳統金　胡炎松
　　　　　馬介欽　莊學海　胡定旭　高永文　陳愛菁　黃書銳
　　　　　莊健成　林大輝　楊育城　鄭錦鐘　胡澤文　吳宏斌
顧問：　　陳偉南　蔡衍濤　許瑞良　佘繼標　劉宗明　劉奇喆
　　　　　林克昌　黃成林　陳捷貴　紀明寶　葉樹林　林景隆
　　　　　姚思榮　許瑞勤　陳蒨
委員：　　林楓林　林昊輝　李嘉莉　張少鵬　潘筱璇　黃競聰
　　　　　吳淑芬

成員：

1. 潮州公和堂聯誼會有限公司　胡長和理事長
2. 佛教（三角碼頭盂蘭勝會）慈善有限公司　陳運然董事會主席
3. 天福慈善社有限公司石塘咀潮僑盂蘭勝會　吳平森總理
4. 秀茂坪潮僑街坊盂蘭勝會　曾祥裕會長
5. 紅磡三約潮僑盂蘭友誼會有限公司　劉建海理事長
6. 西環盂蘭勝會有限公司　鄭仁創理事長
7. 深井潮僑街坊盂蘭勝會有限公司　姚志明會長
8. 牛頭角工商聯誼會盂蘭勝會　翁本林理事長
9. 油麻地旺角四方街潮僑盂蘭會　陳光耀理事長
10. 長沙灣潮州工商盂蘭勝會　鄭振波主席
11. 大王爺廟有限公司　朱重岳主席
12. 彩霞邨關注組　顏汶羽總幹事
13. 慈雲山竹園鳳德邨潮僑盂蘭勝會　蔡傑主席
14. 牛頭角區潮僑誼會有限公司　李成材理事長
15. 深水埗石尾白田邨潮僑盂蘭會　許楚喜理事長
16. 元朗潮僑盂蘭勝會　葉財興會長
17. 粉嶺潮僑盂蘭勝會　黃祥漢理事長
18. 上水虎地坳村「德陽堂呂祖仙師」盂蘭勝會　廖志協主席
19. 黃大仙上邨街坊福利會盂蘭勝會　林景隆會長
20. 觀塘潮僑工商界盂蘭勝會有限公司　莊純正主席
21. 西貢區盂蘭勝會有限公司　胡艷光會長
22. 土瓜灣潮僑工商盂蘭聯誼會有限公司　鄭海利理事長

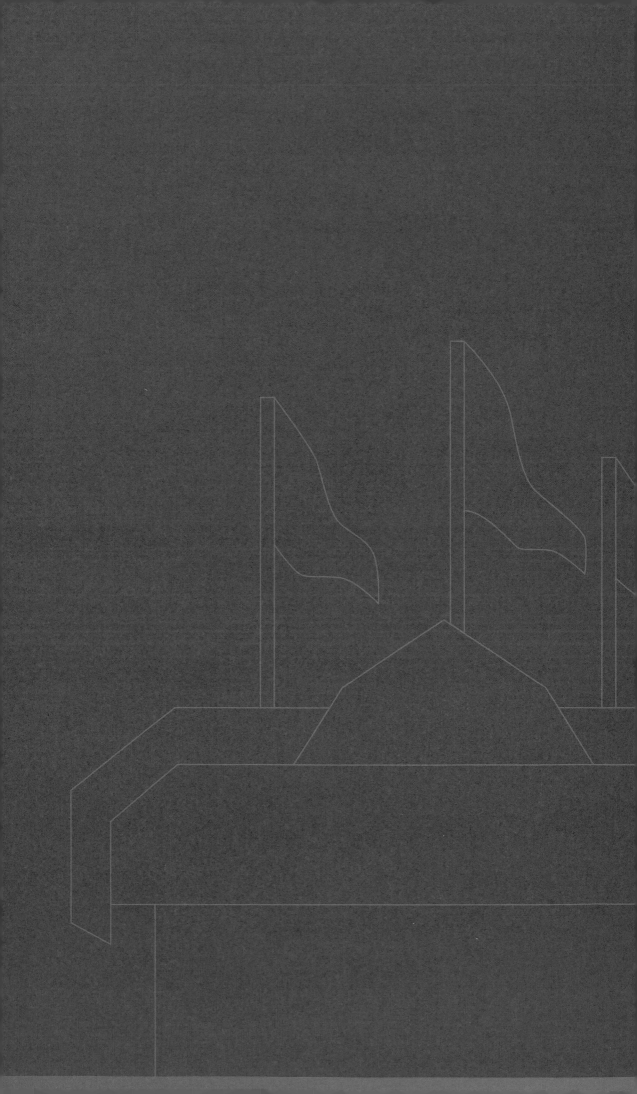

第六章

傳承挑戰與回應：
非遺視角下
香港潮人盂蘭勝會

第六章
傳承挑戰與回應：非遺視角下香港潮人盂蘭勝會

第一節　孝於親，慈於眾：
香港潮人盂蘭勝會之貢獻

香港潮人盂蘭勝會是民間傳統信仰活動，在各方面都具有深切的意義，有其四大重要價值：

精神價值

盂蘭勝會原為供養僧人的宗教活動。佛教傳入中國，經過漢化的洗禮，其內涵不斷豐富。後來，加入了「目連救母」的典故，帶出重視孝道、倡導慈悲博愛的觀念。

盂蘭場設有附薦臺，供街坊購買附薦蓮位，祭祀祖先，以盡孝心，是慎終追遠的體現，也讓大眾謹記要孝敬父母、善待親人的道理。場內亦設有孤魂臺，安放着孤魂蓮位，讓孤魂接受善信拜祭，經師誦經超渡，顯示盂蘭勝會對無人祭祀的孤魂的關愛。盂蘭勝會更有派發平安米和福品的活動，讓市民藉着領取平安米，獲得神明祝福。同時接濟生活貧苦的市民，使他們可取得免費糧食、得到溫飽。

盂蘭勝會普渡孤魂野鬼，讓之得到溫飽和安息，祭幽完成更會派米濟貧，扶助弱勢群體。整個盂蘭勝會由孝道出發，推廣至對孤魂和貧苦大眾的關懷，教人積德行善，可謂是「推己及人」的最佳例子。

社會價值

籌備一個大型的盂蘭勝會殊不簡單，籌辦過程重視社區的集體參與，需要社區內不同單位和街坊的支持及協助，過程中充分體現人與人之間的互助精神，對於加強社區歸屬感和凝聚力發揮重大作用。

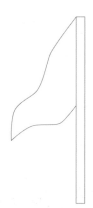

社會面對時局動盪和突發事件，非人力所能解決，盂蘭勝會便可發揮穩定和慰藉人心的作用。1963 年 11 月 24 日，一輛停在堅尼地城新海傍近士美菲路的巨型貨車正在卸貨，裝載大量煙花唥紙的貨車突然發生爆炸，三名苦力被炸得血肉橫飛，慘不忍睹，當場死亡，附近行人也遭波及。這場最終造成五人死亡、61 人受傷的慘劇，成為了西環盂蘭會成立的原因。盂蘭勝會通過民間宗教儀式，讓在生者和往生者同樣得到慰藉，有助構建和諧社會。

經濟價值

文化旅遊是香港新興的旅遊產業。它以體驗地道文化為主軸，其關鍵不在於旅遊景點，而是在於過程中瞭解和感知當地人類文化形式。盂蘭節正正可以成為這個重要的文化視窗，吸引旅客，從而促進香港旅遊業發展。盂蘭勝會本身富有豐富形式的活動和文化內涵，是具有鮮明地方特色的民間傳統信仰，只要能夠妥善保育和活化，便可以成為香港獨特的文化旅遊項目。每年盂蘭勝會，能夠吸引大批的旅客到訪欣賞和感受當中的意義，帶來不容忽視的經濟利益。

文化價值

香港潮人盂蘭勝會十分重視潮州傳統儀式和禮儀，充分反映出潮州群體看待信仰和家庭的價值觀。另外，盂蘭勝會的場地佈置、紮作、糕點、祭品和神功戲等，都體現了潮州傳統手工藝和文化特色。盂蘭勝會的延續，對於潮州文化的承傳擔當着相當重要的角色，是非常珍貴的文化資源。

同時，盂蘭節作為重要的歷史見證與文化載體，通過推廣盂蘭勝會，有助讓大眾更了解和認識傳統中華文化，從而建構文化身份認同。

香港潮屬社團總會在 2009 年向民政事務局遞交申遺報告，2011 年香港潮人盂蘭勝會成為第三批國家級非物質文化遺產。相片由香港潮屬社團總會提供。

第二節　非遺與香港潮人盂蘭勝會

「非遺」，是近年來常聽到的保育潮語，其全名為非物質文化遺產，臺灣稱之為「無形文化資產」[273]。非遺項目是歷史悠久的傳統文化表現形式，它必須依附文化空間而存在。它並非一成不變，而是不斷地再創造，尤有進者，為了回應時代的轉移，表現內容、形式不時與周圍環境、自然和歷史產生互動。非遺帶來所屬社區和群體的認同感和持續感，增強對文化多元和人類創造力的尊重。香港潮人盂蘭勝會更成功列入第三批國家級非物質文化遺產名錄。

非遺視角下香港潮人盂蘭勝會的特性

盂蘭勝會屬於第三類「社會實踐、儀式、節慶活動」，可分為本地傳統、潮州人傳統、海陸豐／鶴佬傳統和水上人傳統四大類，根據〈香港首份非物質文化遺產清單〉所載，各類合共 85 個盂蘭勝會 [274]。由於受普查時間所限，〈清單〉仍未能完全紀錄香港盂蘭勝會數量，真實的數字眾說紛紜，莫衷一是。陳蒨《潮籍盂蘭勝會－非物質文化遺產、集體回憶與身份認同》一書中，調查了全港盂蘭勝會共有118 個，分別是 56 個潮籍盂蘭勝會和 62 個非潮籍盂蘭勝會 [275]。周樹佳《鬼月鈎沉：中元、盂蘭、餓鬼節》一書以祭祀儀式作為分類，統計全港盂蘭勝會總數有 115 個：潮州人傳統 52 個、海陸豐／鶴佬傳統 16 個、本地傳統 41 和佛教六個。[276]

非遺共有三項特性：（甲）多元組合；（乙）活態發展；（丙）地域流動。以下試以香港潮人盂蘭勝會為例，逐一說明。

多元組合

非遺的特性之一是多元的組合，即是一個非遺項目可以包涵不同的非遺項目組合。一般人的心目中，香港潮人盂蘭勝會是中國鬼節的「嘉年華」。為作推廣，旅遊發展局則稱之為「Yu Lan Festival」，當中留下深刻印象反而是派米活動，下午時份大批長者排隊輪侯一公斤白米。若我們稍加細心觀察香港潮人盂蘭勝會，就會發現當中受到忽略的文化內涵。

1. 口頭傳統和表現形式，包括作為非物質文化遺產媒介的語言

潮州話：潮州話歷史源遠流長，更繼承了古代中原文化的典雅語言。潮州、汕頭的西北一帶是為南嶺，在此生活的漢人與外族的融合比中原少，故保存了不少古代漢語元素。在聲調上，潮州話有八聲，在「平」、「上」、「去」聲外還保留了「入」聲。在用詞上，仍採用很多古典漢語詞彙，如雅（漂亮）、汝好（您好）等。潮州人素有拼搏精神，以經商有道聞名。在香港開埠初期，潮州人來港多聚居上環

[273] 按照教科文對非遺的定義：「被各社區、群體，有時為個人，視為其文化遺產組成部分的各種社會實踐、觀念表述、表現形式、知識、技能以及相關的工具、實物、手工藝術品和文化場所。這種非物質文化遺產世代相傳，在各社區和群體適應周圍環境以及與自然和歷史的互動中，被不斷地再創造，為這些社區和群體提供認同感和持續感，從而增強對文化多樣性和人類創造力的尊重。」詳見於聯合國教科文組織：〈保護非物質文化遺產公約〉，2003 年 10 月 17 日。

[274] 此四大類的儀式各有特色：
本地傳統：廣府人稱盂蘭勝會為「打盂蘭」，有豎幡、開壇、請神、誦經和祭幽等儀式活動；潮州傳統：為潮州人族群的傳統，有請神、誦經、豎幡、投福物、登座、祭好兄弟、派米、祭幽和送神等儀式活動。2011 年香港潮人盂蘭勝會列入第三批國家級非物質文化遺產名錄；海陸豐／鶴佬傳統：為海陸豐／鶴佬的傳統，有破土、請神、開壇建醮、行朝、誦經、走午朝、放生和祭幽等儀式活動；水上人傳統：為水上人的傳統，有開壇、誦經、祭水幽、放生和祭幽等儀式活動。非物質文化遺產辦事處網頁：https://www.lcsd.gov.hk/CE/Museum/ICHO/documents/3862785/3863408/First_hkich_inventory_C.pdf。

[275] 陳蒨：《潮籍盂蘭勝會：非物質文化遺產、集體回憶與身份認同》（香港：中華書局，2015 年 12 月初版），頁 16-26。

[276] 周樹佳：《鬼月鈎沉：中元、盂蘭、餓鬼節》（香港：中華書局，2015 年），頁 310-315。

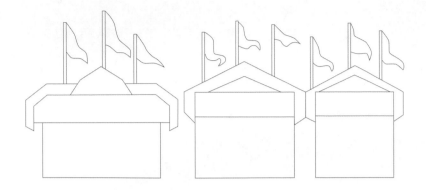

及西環，經營南北行，或從事苦力工作。潮州來港人士眾多，彼此以潮州話溝通。潮州話是香港首份非遺清單項目之一。而在盂蘭勝會會場內，除了父老們習慣以潮州話溝通，經師誦經和神功戲演出同樣用上潮州話。

2. 表演藝術

神功戲：神功者，為神做功德也。每年盂蘭勝會的神功戲就成為老一輩潮人不可或缺的消閒節目。時至今日，不少盂蘭勝會仍堅持傳統設置戲棚，舉行為期三天潮劇。即使本港潮劇演員不足，本地潮劇戲班仍會特意邀請內地劇團來港演出。

3. 社會實踐、儀式、節慶活動

潮州佛事：香港潮人盂蘭勝會活動，一般為期三天，每天舉行不同的儀式。主辦單位禮聘潮州佛堂承辦祭祀儀式部份，香港潮州佛事儀式分為兩大種類，一是香花派，二是禪和派。如佛教三角碼頭盂蘭勝會由港九從德善社負責，採用禪和派的潮州佛事。

4. 傳統手工藝

潮州紮作：香港潮人盂蘭勝會採用潮州族群特色，這從盂蘭場的紮作可窺見一二。凡盂蘭場都會安放大士王坐鎮，負責監視盂蘭場。大士王又稱鬼王，傳說是觀音化身。香港常見的紙紮大士王分別有潮州式、廣府式和鶴佬式，其造型和坐姿等各有不同特色。潮州傳統盂蘭勝會的鬼王擁有青面獠牙，額上有一觀音像，並且雙腳站立。

活態發展

隨時代演進，非遺項目的內容並非一成不變，在傳承過程中，它會不斷更新和創造，內涵與時俱進、不斷完善。這情況在香港潮人盂蘭勝會同樣出現，近年非遺概念引入，當地潮人依據自身的生活經驗和資源，將盂蘭文化內涵不斷擴展，發掘盂蘭文化的優秀價值，

加以詮釋，讓社會大眾更加願意接受這種傳統。

在傳承過程中，不同時期、不同地域的傳承人對非物質文化遺產不斷的豐富、發展和創新，令非物質文化遺產保持着生命的活力並時時綻放異彩。活態發展是非物質文化遺產的生命源泉，也是它之所以能夠世代流傳的原因。[277]

在新冠肺炎疫情肆虐下，政府增加防疫措施，實施限聚令以限制群眾聚集，防止疫病傳播。2021年農曆七月，疫情稍緩，部份盂蘭勝會得以批准舉行，然而需符合政府要求的防疫衛生條件，其中一項就是做神功戲。每年農曆七月初七至初九，西環盂蘭勝會假招商局碼頭附近堅尼地城臨時遊樂場舉行盂蘭勝會。2021年，西環盂蘭勝會改在卑路乍灣公園的圓形露天劇場進行，儀式由三天簡化為一天，為配合租借場地條件，特別安排了一場粵劇折子戲。

地域流動

非遺不局限於一國一地，它們會隨人口流動形成新的傳統，然而受到環境地域的影響，非遺也會有所改變，或產生不同的形式和版本。而這情況，在香港盂蘭勝會同樣出現，不同族群依據自身的生活經驗和環境，將盂蘭勝會的內容不斷擴展，使其更加豐富和生動。盂蘭勝會原為供養僧人的宗教活動，而佛教傳入中國，經過漢化的洗禮，其內涵不斷豐富。到了宋代，儒釋道三教合流，盂蘭節更與道教中元節的祭祀亡者靈魂、儒家祭祀父母祖先等活動結合。按嘉慶《新安縣志》載：「十四日，為盂蘭會，化衣以祀其先者，必宰鴨為敬云 。」直到今天，根據非遺清單分類，香港盂蘭勝會分為本地傳統、潮州人傳統、海陸豐／鶴佬傳統和水上人傳統四大類。

[277] 徐燕琳：《廣東傳統非物質文化遺產》（中國：中國廣州暨南大學，2012年8月第一版），頁4至5。

自 2015 年起，香港潮屬社團總會每年農曆七月期間均會舉辦盂蘭文化節，喚起大眾關注。圖為 2018 年盂蘭文化節。相片由香港潮屬社團總會提供。

非遺資源投放

隨着非遺的概念引入，特區政府陸續投放資源，保育相關的項目，使在非遺框架下的傳統風俗得以有機會「重生」，轉化為具本土特色和歷史內涵的文化遺產，其價值足以令群體產生認同感，是社區凝聚力的催化劑。非遺無形中成為了傳統風俗的「救命良藥」。2019 年，香港政府推出非物質文化遺產資助計劃，「伙伴合作項目」和「社區主導項目」旨在支持香港市民和團體進行與非遺有關的計劃。以 2019 年「社區主導項目」為例，非遺辦資助了香港潮屬社團總會慈善基金有限公司和九龍城潮僑盂蘭會有限公司。

資助機構：香港特別行政區政府——「非物質文化遺產資助計劃」：[278]

資助年份	獲資助者	項目名稱
2019 年	香港潮屬社團總會慈善基金有限公司	2020 盂蘭文化節
2019 年	香港樹仁大學	三個潮籍盂蘭勝會 — 研究、傳承與推廣
2019 年	九龍城潮僑盂蘭會有限公司	盂蘭勝會 @ 九龍城
2020 年	謝德隆	數港式盂蘭還看卅間
2020 年	長春社文化古蹟資源中心有限公司（香港潮屬社團總會授權代表）	「香港非物質文化遺產代表作名錄」項目研究及專刊（研究項目：香港潮人盂蘭勝會）

資助機構：華人廟宇委員會——「華人慈善基金」：[279]

資助年份	獲資助者	項目名稱
2016/17 年度	香港潮屬社團總會慈善基金有限公司	2017 香港盂蘭文化節

資助機構：華人廟宇委員會——「華人廟宇基金」：[280]

資助年份	獲資助者	項目名稱
2019/20 年度	粉嶺潮僑盂蘭勝會有限公司	粉嶺潮僑盂蘭勝會第 43 周年盂蘭節
2020/21 年度	東頭村盂蘭勝會有限公司	東頭村盂蘭勝會
2020/21 年度	秀茂坪潮僑街坊盂蘭勝會	秀茂坪潮僑街坊第 54 屆盂蘭勝會
2020/21 年度	藍田街坊盂蘭有限公司	藍田街坊潮僑盂蘭勝會
2020/21 年度	粉嶺潮僑盂蘭勝會有限公司	粉嶺潮僑盂蘭勝會第 44 週年盂蘭節
2020/21 年度	錦田八鄉大江埔潮僑盂蘭會有限公司	錦田八鄉大江埔潮僑盂蘭會第 64 屆盂蘭勝會
2020/21 年度	旺角潮僑盂蘭勝會有限公司	盂蘭勝會大法會
2020/21 年度	西貢區盂蘭勝會有限公司	第 67 屆西貢區盂蘭勝會

資助機構：華人廟宇委員會——「非物質文化遺產推廣試驗資助計劃」：[281]

資助年份	獲資助者	項目名稱
2017/18 年度	香港潮屬社團總會慈善基金有限公司	2018 香港盂蘭文化節
2017/18 年度	錦田八鄉大江埔潮僑盂蘭會有限公司	香港潮人盂蘭勝會
2019/20 年度	香港潮屬社團總會慈善基金有限公司	2019 香港盂蘭文化節
2019/20 年度	東頭村盂蘭勝會有限公司	東頭村潮僑盂蘭勝會
2019/20 年度	粉嶺潮僑盂蘭勝會有限公司	粉嶺潮僑盂蘭勝會第 42 周年盂蘭節
2019/20 年度	錦田八鄉大江埔潮僑盂蘭會有限公司	錦田八鄉潮僑盂蘭勝會
2020/21 年度	香港潮屬社團總會慈善基金有限公司	2020 盂蘭文化節
2020/21 年度	錦田八鄉大江埔潮僑盂蘭會有限公司	錦田八鄉大江埔潮僑盂蘭勝會

[278]　根據《香港非物質文化遺產資助計劃 2019-2020 年報》https://www.lcsd.gov.hk/CE/Museum/ICHO/documents/3862785/23067813/Annual%2bReport_2020-21%2b（Chi）.pdf。

[279]　根據「華人廟宇委員會撥款資助」http://www.ctc.org.hk/b5/charity_data.asp。

[280]　根據「華人廟宇基金及華人慈善基金撥款結果公佈」http://www.ctc.org.hk/b5/charity.asp#a。

[281]　根據「華人廟宇委員會撥款資助」http://www.ctc.org.hk/b5/charity_data.asp。

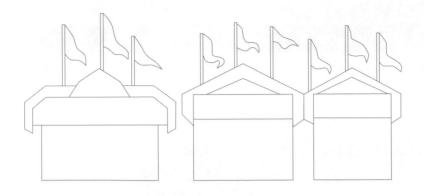

第三節　香港潮人盂蘭勝會的創新——
以香港盂蘭文化節為例

創辦香港盂蘭文化節的背景

特區政府一向奉行宗教自由，只要民間信仰沒有抵觸法律，基本上
採取不干預的態度。但是過去盂蘭勝會所引起爭議，包括：污染、
公共空間使用權和環保等問題，迫使當局不斷訂立規條，從多方面
加強規管盂蘭勝會的運作。在盂蘭勝會處於鼎盛的年代，籌備者還
可以透過財力和人力突破政策的種種限制[282]。盂蘭勝會多存活於
舊區，卻因人口老化嚴重，部份建築物已見殘舊，近年當局進行市
區重建，舊有居民被迫遷離社區，盂蘭勝會信眾亦不能倖免，使盂
蘭勝會難逃萎縮的命運。

相比之下，西方鬼節「萬聖節」歡樂得多。踏入 9 月份，各大商場已
經換上萬聖節主題的佈置。有的商場專門製作鬼屋，顧客消費到某
一個金額，便可免費參觀鬼屋，藉此吸引顧客蒞臨消費。香港兩大
主題公園亦展開廣告攻勢，於各大傳媒大肆宣傳今年度萬聖節主
題的活動[283]。反觀香港盂蘭勝會基於上述的原因，逐漸步向衰微。
這種情況在申遺以後亦未見有即時起色[284]。職是之故，香港潮屬
社團總會作為申遺機構自然承擔記錄、推廣、教育和傳承該項國家
級非遺的義務。[285]

值得注意的是，香港潮屬社團總會投放大量資源，籌辦香港盂蘭文
化節，迄今已舉行了五屆，規模愈見盛大，由第一屆地點為觀塘康
寧道球場[286]，翌年已移師到維多利亞公園一號球場；開支費用亦
逐年遞增，由最初經費數十萬，到了 2018 年整體開支竟高達 500
多萬元。我們不禁產生疑問，其一，為甚麼總會通過舉辦大型文化
活動去傳承香港潮人盂蘭勝會？何不捨繁就簡，改用直接資助方
式，支援各區的潮人盂蘭勝會。其二，為甚麼採用搶孤競賽作為香

港盂蘭文化節的主體項目呢？

香港潮屬社團總會作為香港潮人盂蘭勝會的申遺機構，無可否認，該會本身是沒有直接參與或籌辦各區的潮人盂蘭勝會。這與其他同一批的申遺機構有其根本性的差異，組織無法直接介入非遺項目的活化工作。再者，長洲太平清醮、大澳端午龍舟遊涌和大坑舞火龍三者所申遺項目具有地域性，而香港潮人盂蘭勝會則散見香港各區。團結香港各區盂蘭勝會，反而是在保育工作前首要處理的問題。職是之故，總會成立盂蘭勝會保育工作委員會，邀請香港各區盂蘭勝會加入，落實保育香港盂蘭勝會的工作。每年農曆七月前，總會都會舉行座談會，聽取各區盂蘭勝會的意見，並派發香油金，以示對地區盂蘭會的支持。[287]

[282] 黃競聰：〈社區發展與文化承傳－香港盂蘭勝會之興衰〉，《第二屆中華文化人文發展國際學術研討會論文集》（香港：香港珠海學院中國文學及歷史研究所，2018 年），頁 245-254。

[283] 消費主題公園的鬼屋，彷彿成為感受萬聖節氣氛的重要媒介。感覺上西方萬聖節好像一個節慶活動，多於一個悼亡節日。參加者可以盡情玩樂，沒有任何禁忌，當晚很多人會刻意「扮鬼扮馬」，奇裝異服，通宵達旦參加萬聖節派對。

[284] 單以西營盤為例，東邊街渣甸橋盂蘭勝會、西區正街水陸坊眾盂蘭勝會和西區常豐里老福德宮聯誼會盂蘭勝會相繼停辦，部份的物資已捐給長春社文化古蹟資源中心作永久收藏。

[285] 2012 年，香港賽馬會慈善信託基金資助「香港潮人盂蘭勝會考察計劃」，委託香港樹仁大學陳蒨教授進行全港潮人盂蘭勝會研究和田野考察，2015 年結集出版《非物質文化遺產、集體回憶與身份認同：潮籍盂蘭勝會》。潮屬總會亦自資出版多本普及和宣傳刊物，包括：《國家級非物質文化遺產 — 中元節（香港盂蘭勝會）》紀念特刊／小冊子、《盂蘭的故事》漫畫書及《香港盂蘭文化與當代社會》通識專題研習教材等。除了研究和出版外，自 2012 年起，每年召開全港各區盂蘭勝會座談會，聯合各區盂蘭勝會代表和香港特區政府官員商討盂蘭勝會傳承問題。事實上，香港盂蘭文化節當然屬於保育盂蘭的具體工作之一。詳見吳淑芬編：《香港盂蘭文化節 2018 場刊》，（香港：香港潮屬社團總會，2018 年），頁 10-11。

[286] 第一屆盂蘭文化節與觀塘潮僑工商盂蘭勝會同步舉行，過程中屢獲觀塘潮僑工商盂蘭勝會的協助，除了派隊參與搶孤競賽，更提供了不少人力和物資的支援。

[287] 每年潮屬總會贊助每區潮人盂蘭勝會 3,000 元的香油金，香港有為數不少的潮人盂蘭勝會，單從香油金的金額來說，無疑是杯水車薪。2018 年獲發香油金的盂蘭會共有 53 間。同年，潮屬總會盂蘭勝會保育工作委員會馬介璋主席私人贊助每一個盂蘭會 7,000 元。

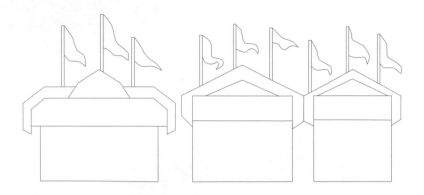

第三批國家級非物質文化遺產項目：

非遺項目	申遺機構	申遺機構是否 直接參與非遺項目	地區
長洲太平清醮	長洲太平清醮值理會	✓	長洲
大澳端午龍舟遊涌	大澳傳統龍舟協會	✓	大澳
大坑舞火龍	大坑坊眾福利會	✓	大坑
香港潮人盂蘭勝會	香港潮屬社團總會	X	全港

申遺以後，經過數年醞釀，2015 年香港潮屬社團總會首辦香港盂蘭文化節，不但希望通過舉辦大型文化活動，推廣盂蘭文化；更強調營造一個平臺，加強聯繫及團結各區的盂蘭勝會。

香港潮屬社團總會凝聚本地各大潮屬團體，同心協力推廣內涵豐富的潮汕文化，展現潮人團結互助、刻苦耐勞的精神。事實上，許多潮汕文化習俗、食品、節日已融入香港人的日常生活。總會自 2015 年起舉辦的盂蘭文化節，不僅是本地潮人盛事，更是香港人的集體記憶。文化節把傳統文化與關愛社會結合，為香港散播正能量，促進社會和諧。[288]

其中，主體項目搶孤競賽形式的靈感來自潮汕地區「搶孤」活動，仿效長洲太平清醮搶包山比賽模式，嘗試訂立比賽的規則，成為適合年輕人參與的競賽活動。

主體項目：搶孤競賽

1. 潮汕搶孤

早期潮汕地區居民在農曆七月會各自擺放祭品於門前，祭祀孤魂野鬼。祭祀完畢後祭品任由貧苦大眾搶奪爭食，以解饑困。清代中葉以後，潮汕地區天災連連，死傷枕藉，清廷無力救濟，地方鄉紳

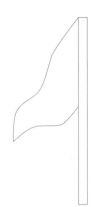

自發組織善社，舉辦盂蘭勝會，超渡祭幽。潮汕地區稱盂蘭勝會為施孤節，禮聘經師施孤普渡。搶孤屬於慈善濟貧活動，一般於盂蘭勝會最後一天舉行。當祭祀儀式完結，主辦單位鑼鼓聲一響，貧苦大眾應聲攀爬孤棚搶奪祭品，此舉自不然引來不少衛道之士認為搶孤是人鬼相爭的惡俗，屢受朝廷所禁。香港盂蘭文化節總統籌胡炎松則有另一番的見解：

> 搶孤是利益冥陽兩界，取用祭品方式是先後有序，首先當進行祭祀期間，孤魂只是享用祭品的氣味。祭祀儀式結束後，祭品的實體就任由有需要的貧苦大眾自行取用……[289]

無可否認，這種無秩序搶奪祭品模式不免有肢體碰撞，民眾為搶奪祭品更時生口角，如未能適時解紛，恐怕會觸發衝突。時至今天，潮汕搶孤已改良「搶孤」的形式，大概分為「高孤」和「土孤」兩大類型。前者搭建孤棚，主辦者站立於棚上拋出插有竹籤的飯包或蕃薯，而竹籤寫有祭品的名稱，有的是生豬一隻、單車一輛或是福米一包不等。棚下的民眾高舉「孤承」爭相搶接，憑着所得的竹籤換領相應的祭品；後者則是有秩序地派發祭品，這種形式在香港節慶活動更是常見，就是盂蘭勝會中的派米活動。[290]

2. 香港地區搶孤濟貧模式

現時上環文武廟藏有一牌匾由「四約中元勝會值理」敬奉，相信早於百多年前維多利亞城區已有組織統籌盂蘭勝會。時至今天，很多香港潮人盂蘭勝會完結當日，大會都會按照傳統派發受經師誦經

［第六章　傳承挑戰與回應：非遺視角下香港潮人盂蘭勝會］

---

[288] 政務司司長張建宗 9 月 1 日出席「2017 盂蘭文化節」開幕式致辭全文：
https://www.news.gov.hk/tc/record/html/2017/09/20170901_190314.shtml。
[289] 香港盂蘭文化節總統籌胡炎松，24/8/2015。
[290] 胡炎松：《破解盂蘭迷思》(香港：香港樹仁大學，2015 年)，頁 21-26。

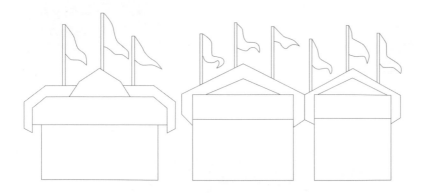

的一公斤平安米給社區大眾，成為貧苦大眾重要的救濟品。這種方式無疑經過改善，演變為有秩序的分配祭品活動。香港搶孤的資料未有明確的記錄，暫見於《香港華洋行業百年—貿易與金融篇》一書，文中略有提及戰前農曆七月上環南北行商戶舉辦盂蘭勝會，有「拋三牲」和「撒錢」的習俗，商戶會在樓上拋出三牲等祭品供街上的貧苦大眾搶奪；除此以外，東主會撒出五仙硬幣，員工則用一仙銅幣撒向街上，任由街坊善信執拾[291]。另外黃佩佳《香港本地風光》載有：「夜間過南北行，常聽見一般潮樂之聲，音至微弱而悠揚，也頗悅耳。又當盂蘭節，街上有人搶魚，此風很趣。」[292]1930年代，南北行商人多為潮州人，在農曆七月期間舉行盂蘭勝會，禮聘樂師奏出潮樂，娛神娛人，故作者「常聽見一般潮樂之聲」，而「搶魚」是否意指搶奪魚類祭品則有待考證。

時移世易，社會進步，政府提供大量資源支援弱勢社群，香港人漸漸忘記過去不完善的福利制度日子和盂蘭勝會備有救濟弱勢社群的角色。據報章報導，「⋯⋯（東邊街渣甸橋盂蘭勝會）已昨午完壇結束，並由主會者，將街坊店羌號所捐送之米、糖、麵、餅餌、麵粉、瓜果蔬菜、及各種日用物品，派與貧民，往領取者，達三、四千人。」[293] 早在 1950 年代，部份盂蘭勝會為了避免分派祭品出現失控的情況，已懂得採取相應的措施。「⋯⋯（三角碼頭）潮僑街坊盂蘭勝會理事會，經定今（廿二）日下午完壇後，即將街坊店號所捐贈之各種食品什〔雜〕物等，分派與各貧民。為避免分派時秩序之紊亂起見，特改善分派辦法，特分貼通知，俾各貧民依照辦法領取。凡有意收受者，於是日下午二時以前，先行集中東邊街大光茶樓橫巷內候領單仔，以便憑票發給。分派時間至下午五時左右。」[294]

香港很多傳統民俗活動都帶有競技色彩，爭奪過程難免有肢體碰撞，如每年一度的長洲太平清醮屬於海陸豐祭幽祈福儀式，最為矚目者莫過於「搶包山」，在香港其他醮會並不常見。在醮會最後一晚凌晨時份，長洲居民搶奪醮場中三座 50 多尺包山，他們相信這

盂蘭文化節引入潮汕地區的搶孤活動，並加以改良及規範，轉化為適合年輕人
參與的運動競技項目，同時不失本來慈善濟貧的性質。相片由香港潮屬社團總
會提供。

些幽包經過道士誦經後，獲神明庇佑，吃過它們可保平安。為得到
這些幽包常觸發肢體衝突。二次大戰前，長洲太平清醮舉行期間，
時有發生包山倒塌意外，導致多人受傷。1978年，長洲太平清醮
再次發生包山倒塌意外，近24人受傷，政府隨即勒令禁止搶包山。
直到現在，香港能保留這類競技的民俗活動，已經「買少見少」。另
外坪洲中元醮會在最後一夜會舉行俗稱「湧野」儀式，道士預先將
祭品放在坪洲碼頭空地，一聲令下，島民不分老少一哄而上搶奪祭
品，放回家中供奉，相信可獲神靈保佑。[295]

3. 香港盂蘭文化節中的搶孤競賽

據香港盂蘭文化節總統籌胡炎松指出，二次大戰後，大量潮汕人士
來港定居，按照舊有傳統農曆十月繼續舉辦盂蘭勝會，祭祀「好兄
弟」。而搶奪祭品也隨時代的進步，演變為有秩序的派米濟貧的慈
善活動。當初構思搶孤競賽成為香港盂蘭文化節的主體項目，蓋因
現時香港盂蘭勝會的善信愈來愈少，組織日趨老化，出現後繼無人
的狀況，參與者十居其九是長者，年輕一代普遍抗拒參與這類傳
統活動。胡氏不時往返潮汕地區，發現每逢農曆七月期間潮汕地區
舉行搶孤活動非常興盛，參與者甚眾，場面十分熱鬧。於是他嘗試
更進一步引入潮汕地區的搶孤活動，加以改良及規範，將原來慈善
濟貧的性質，在不失傳統內涵下轉化為適合年輕人參與的運動
競技項目，讓普羅大眾以至年輕一輩都可以親身領略盂蘭文化的
精髓。[296]

[291] 鄭寶鴻：《香港華洋行業百年 – 貿易與金融篇》（香港：商務印書館，2016年），頁112。
[292] 沈思編，黃佩佳著：《香港本地風光‧附新界百詠》（香港：商務印書館，2017年7月）），頁112。
[293] 〈東邊街近海傍 盂蘭會完壇〉，《華僑日報》，1951年8月27日。
[294] 〈潮僑盂蘭勝會完壇 捐送物品分派貧民〉，《工商日報》，1951年8月22日。
[295] 黃競聰：《風俗通通識》（香港：長春社文化古蹟資源中心，2012年），頁103-121。
[296] 香港盂蘭文化節總統籌胡炎松訪問，2015年8月24日。

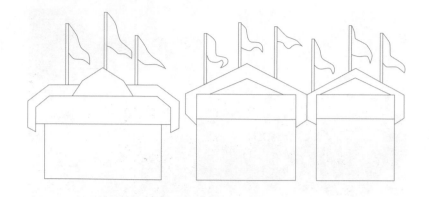

香港的搶孤活動並不存在歷史上潮汕地區慈善救濟的意義,也沒有當代潮汕地區幸運的娛樂意義,它是一場景觀,具展示意義。(香港)搶孤活動嘗試連結不同省籍的香港人,扮演着教育公眾、傳承和推廣香港的盂蘭文化的角色。[297]

搶孤競賽以六人為一隊,五人出賽,一人後備。孤競賽採用三隊為一組,而每一隊都輪流擔任拋孤隊和接孤隊。比賽限時五分鐘。每名拋孤隊員獲分配廿個福米包,須在五分鐘內拋出合共 100 個福米包。每次拋出的福米包須越過孤棚上的定點桿,並落在搶孤區內。其餘兩隊為接孤隊,共十人在搶孤區內手持孤承搶接福米包,最後積分最高的隊伍便勝出。經過初賽,積分最高的九支隊伍分成三組進入決賽[298],其中積分最高的三隊就會進入總決賽,最後搶接得最多福米包的隊伍依次序成為冠、亞和季軍。大會特設最佳隊伍造型獎,評審按照參賽隊伍及其到場支持隊友陣容、旗幟和服飾等綜合表現而作為評分指標。

潮汕搶孤、香港派米與香港搶孤競賽活動對照表:

	潮汕搶孤活動	香港派米活動	香港搶孤競賽
目的	慈善救濟	慈善救濟	推廣盂蘭文化
參與者	自發參與	自發參與	團體預先報名
分配方式	參與者自行製作孤承搶接祭品	排隊輪候	主辦者特別在潮州訂製統一標準的孤承,以孤承搶奪福米包
福品	各式各樣的日用品和食物	一公斤平安包	錦旗、支票
安全	沒有規則	警察協助維持秩序	大會設有總裁判、孤棚監察員和搶孤區監察員,負責監察賽事規則

盂蘭文化節還有親子盆供堆疊賽，靈感來自盂蘭盆供，老幼兩人組織一隊，在指定時間內將各種供品有技巧地堆疊在木雕饌盒上，堆疊愈多愈好。相片由香港潮屬社團總會提供。

搶孤競賽舉辦以來，參與隊伍逐年遞增，隊伍不限於盂蘭勝會組織，發展至今甚至有不少的來自外地組成的隊伍。第一屆搶孤競賽超過一半隊伍是盂蘭勝會組織，只有一間中學組隊參與。至2016 年參與搶孤隊伍增至 24 隊，升幅最多的是來自地區組織及學校。2017 年參與搶孤隊伍共有 42 隊，當中佔了一半以上是潮籍社團與學校，其升幅較去年上升兩倍以上，反觀盂蘭勝會的組織則未有明顯的增長。其實，有盂蘭勝會早已反映香港盂蘭文化節應在農曆七月前舉行，一來可以提早向大眾宣傳，炒熱盂蘭節的氣氛，將焦點帶回地區盂蘭勝會；二來地區盂蘭勝會組織在農曆七月期間大多忙於籌備自己的盂蘭勝會，如能提早舉行就更有機會派隊參與搶孤競賽。不過香港潮屬社團總會投放大量資源舉辦香港盂蘭文化節，目的是推廣盂蘭文化，舉行日子自然安排在盂蘭節前後，最能收到預期宣傳的效果，所以最終未有採納他們的意見。

筆者相信即使香港盂蘭文化節提早舉行，盂蘭勝會的隊伍亦未必會有突破性的增長，原因是大部份的盂蘭勝會核心成員平均年齡已是 70 多歲，他們又怎有體力應付這種帶有競技色彩的搶孤活動呢？為了回應訴求，香港盂蘭文化節移師到維園後，構思了親子盆供堆疊賽，靈感來自盂蘭盆供，鼓勵老幼共同參與。老幼兩人組織一隊，在指定時間內將各種供品有技巧地堆疊在木雕饌盒上，堆疊越多越高，寓意福報迴向父母，傳遞毋忘父母養育之恩[299]。親子盆供堆疊賽的體力要求不多，長者亦參與，正好彌補搶孤競

[297] 陳蒨：《潮籍盂蘭勝會：非物質文化遺產、集體回憶與身份認同》（香港：中華書局，2015 年 12 月初版），頁 235-240。

[298] 如有相同分數則以抽籤方式決定。

[299] 吳淑芬編：《香港盂蘭文化節 2018 場刊》（香港：香港潮屬社團總會，2018 年），頁 20。

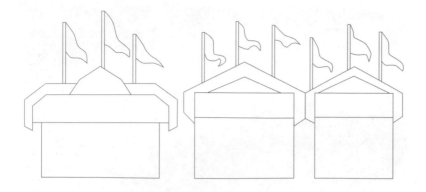

賽之不足。2018 年，香港盂蘭文化節更獲香港旅遊發展局資助兩百萬，開拓海外旅客市場。總會順應時勢，擴大搶孤競賽的規模，分為院校賽及公開賽。2018 年，搶孤競賽邁向國際，邀請海外機構組隊參加，搶孤競賽隊伍多達 54 隊。

結論

陳蒨《潮籍盂蘭勝會：非物質文化遺產、集體回憶與身份認同》認為香港盂蘭文化節引入搶孤競賽，無形中轉化原是一項慈善救濟的活動，「在『傳統的復興』的同時，真正發生的是『傳統的再造』。」[300] 筆者不其然想起 2005 年香港特區政府主導之下復辦搶包山活動，形式則改為比賽競技，自此長洲太平清醮再次復興，隨後帶動海外旅客到訪長洲。搶孤競賽的「誕生」多少受到搶包山之成功個案所啟發，同樣地改良傳統文化活動，轉化為有秩序運動比賽項目。如今搶包山比賽分男、女兩組，參與者不再局限長洲居民，改為公開招募選手。這個比賽項目日趨受市民重視，電視台亦有直播搶包山的比賽過程。市民大眾通過不同的身份（參加者、電視觀眾和現場觀眾）介入這個文化旅遊活動，從而達至不同程度的滿足感 [301]。從參觀人數來看，每年香港盂蘭文化節亦有增長，2018 年參觀人次逾 16,500，較 2017 年升幅達兩倍，側面說明社會大眾日漸支持。[302]

自 2015 年，每年農曆七月香港潮屬社團總會連續四年舉辦「盂蘭文化節」，為了吸引青少年認識盂蘭文化，特別加入搶孤競賽，作為整個推廣盂蘭文化的主體項目，吸引社會各界的關注，並得到傳媒的廣泛報導。正如盂蘭勝會保育工作委員會主席馬介璋博士所云：「希望透過更加與時俱進的活動形式，讓更多公眾了解盂蘭勝會這個節日，繼而透過參與，對盂蘭勝會有進一步的認識。逐年擴大規模的盂蘭文化節，相信會吸引更多海內外旅客參與，知名度越來越高，可望將其塑造成中華地區的『萬聖節』。」[303]

2022 年，潮屬總會舉辦「香港潮人盂蘭勝會『疫』難而上分享會」，研究和探討未來保育和弘揚潮人盂蘭勝會的分享。相片由香港潮屬社團總會提供。

搶孤競賽獲勝隊伍將獲得獎金和錦旗，以示獎勵。相片由香港潮屬社團總會提供。

[300] 「由個人、村民、社區居民及邊緣人參與，變成團體式預先報名參與；由自由碰運氣隨興式搶接福品，變成有規則的隊制式比賽⋯策劃者精心經營其傳統性，增加香港搶孤文化節的歷史合法性，包括由潮汕地區帶來花水斗、孤承、竹籤，又引進潮汕地區的孤棚⋯因應本港需要而作出改良⋯現時搶孤的活動表現出現代性，包括強烈的秩序、安全、公平和運動競技的特色，同時不同參賽團體亦表現團體性⋯」詳見陳蒨：《潮籍盂蘭勝會：非物質文化遺產、集體回憶與身份認同》（香港：中華書局，2015 年 12 月初版），頁 235-240。

[301] 黃競聰：《風俗通通識》（香港：長春社文化古蹟資源中心，2012 年），頁 103-121。

[302] 數據由香港潮屬社團總會提供。

[303] 吳淑芬編：《香港盂蘭文化節 2018 場刊》（香港：香港潮屬社團總會，2018 年），頁 3。

2015 年至 2019 年盂蘭文化節內容一覽表：

	2015 年	2016 年
競賽活動	- 引進搶孤競賽	- 搶孤競賽 - 親子盆供堆疊賽
專題活動	- 盂蘭文化歷史展覽 - 盂蘭文化導賞	-「盂蘭維港」3D 拍攝區 - 親子集體藝術創作課 - 盂蘭文化歷史展覽 - 盂蘭文化導賞
專題講座	/	- 冒卓祺師傅「盂蘭紮作」 - 陳錦濤師傅「手托木偶」 - 陳銘英女士「盂蘭潮劇」 - 鄧家宙博士「佛家盂蘭儀式與法器」
互動攤位	/	- 聖杯選總理 - 盂蘭學堂 - 潮人學堂 - 非遺工作坊 - 環保祭祀
經壇	/	/
院校協作項目	/	/
書刊	/	-《盂蘭的故事》漫畫繪本
文創禮品	- 五福臨門（潮式糕點）	- 大士王電話刷

2017 年	2018 年	2019 年
- 搶孤競賽 - 親子盆供堆疊賽	- 搶孤競賽 - 親子盆供堆疊賽	- 搶孤競賽 - 親子盆供堆疊賽

- 「天地父母」許願區
- 「盂蘭文化」主題區
- 「相橋水燈」3D 拍攝區
- 「目連救母」水墨展示
- 盂蘭文化歷史展覽
- 盂蘭文化導賞
	- 「心願蓮池」許願區
	- 「潮劇文化」主題區
	- 《五福連》3D 拍攝區
	- 《破・地獄》VR 虛擬
	  實景體驗
	- 電話版搶孤大作戰
	- 「請老爺」(搶孤舞蹈篇)
	- 盂蘭文化歷史展覽
	- 盂蘭文化導賞
		- 「長紅糖塔」許願區
		- 「盆會勝影」主題區
		- 《破・地獄》VR 虛擬
		  實景體驗
		- 電話版搶孤大作戰
		- 盂蘭文化歷史展覽
		- 盂蘭文化導賞

- 譚迪遜先生「潮人盂蘭
  勝會與潮劇的關係」
- 葉德平博士「盂蘭勝會的
  非遺意義」
- 葉長青道長「先天斛食濟
  煉幽科」
- 鄧皓荃先生「傳統香文化
  與香港」
- 蘇曉文小姐「環保與盂蘭
  的關係」
	- 「戲班裝身真人 Show」
	- 神功戲技藝演繹
	  (《沙場辨親》
	  《陳三五娘》
	  《穆桂英招親》)
		/

- 盆供堆疊體驗 - 金榜提名工作坊 - 盂蘭水墨工作坊 - 盂蘭茶文化 - 聖杯選總理 - 盂蘭學堂 - 潮人學堂 - 環保祭祀	- 潮劇服飾造型體驗班 - 潮劇兵器演練體驗班 - 面譜繪畫工作坊 - 「盂蘭文化對對碰」 - 搶孤大布施 - 盆供堆疊體驗 - 盂蘭茶文化 - 聖杯選總理 - 盂蘭學堂 - 潮人學堂	- 色彩盂蘭工作坊 - 「盂蘭文化對對碰」 - 搶孤大布施 - 盆供堆疊體驗 - 盂蘭茶文化 - 聖杯選總理 - 盂蘭學堂 - 潮人學堂
- 迎神安爐 - 「祈福香港」及送神	- 迎神安爐 - 「走散旗」 - 送神	- 迎神安爐 - 「走五土」 - 送神
/	/	- 「老夫子搶孤」3D 拍攝區 - 亞洲盂蘭文化祭之「日本 盂蘭盆節」及盂蘭創作劇

- 通識專題研習教材《香港
  盂蘭文化與當代社會》
	- 《盂蘭文化節資訊集
	  (活動小冊子)場地導覽圖》
		- 《盂蘭的故事 解密完整篇》

- 神馬八達通 - 精裝平安米 - 工夫茶杯 - 大士王電話刷	- 高昇筆 - 精裝平安米 - 工夫茶杯 - 大士王電話刷	- 汗巾冰巾 - 高昇筆 - 精裝平安米 - 工夫茶杯 - 大士王電話刷

[第八章　傳承挑戰與回應：非遺視角下香港潮人盂蘭勝會]

第七章

口述歷史中的香港潮人盂蘭勝會

若要籌劃一個盂蘭勝會，並非單靠一人之力，需要組成一個工作團隊，其中不可或缺的靈魂人物就是理事長和會長。大型的盂蘭勝會搭建合適竹棚的搭棚師傅、帶領戲班演出神功戲的戲班班主，以及進行功德法事超渡孤魂的經師等。面對時代轉變及城市發展，不同崗位的人士也面對各式各樣的挑戰與困境，如場地受限制、後繼無人和籌募經費困難等。

2011 年，香港潮人盂蘭勝會成功列入國家級非物質文化遺產，當中的傳承狀況漸受關注，各界人士也積極回應挑戰。香港潮屬社團總會作為傳承團體，肩負保育香港潮人盂蘭的使命，遂成立盂蘭勝會保育工作委員會，以便團結地區盂蘭勝會，提供支援，並作為與政府溝通的橋樑。2015 年，香港潮屬社團總會舉辦香港盂蘭文化節，以搶孤競賽為核心項目，持續推廣社區教育工作，喚起大眾關注，並把盂蘭勝會所承載的文化精髓和意義傳承下去。此節收錄了與盂蘭勝會相關人士的口述歷史訪問，從不同人士的角度出發，多方面探討盂蘭勝會傳承的危機。

第一節　盂蘭勝會保育工作
委員會主席——馬介璋主席 SBS BBS

現任香港潮屬社團總會永遠名譽主席、香港潮州商會永遠名譽會長及香港潮屬社團總會盂蘭勝會保育工作委員會主席，是位知名企業家，同時積極推廣盂蘭文化。

受父熏陶　初探盂蘭

身為潮州人，馬介璋的父親很熱心參與盂蘭勝會。在馬介璋年少時，

他已跟隨父親參與黃大仙新蒲崗鳳凰邨盂蘭勝會，久而久之，對盂蘭培養出一份感情。對於愛玩和好奇心重的小朋友來說，盂蘭勝會就像一個遊樂場，既可以在戲棚觀賞潮劇、看經師誦經、又有潮式食品吃，場面氣氛熱鬧，更可以跟同場的小朋友玩耍。

與盂蘭結緣　非為迷信

馬主席對於盂蘭的認識來自父母，加上父母是虔敬的佛教徒，故此與盂蘭結下不解之緣。小時候，馬主席只知道是祭祀孤魂野鬼的活動，隨着年歲增長，他逐漸對盂蘭勝會有所認識，慢慢理解箇中的意義。長大從商後，他也承繼父親的意志，積極參與盂蘭勝會，甚至有一種拜完神會更心安和輕鬆的感覺，他也與父親一樣持續捐款舉辦盂蘭勝會。

馬主席認為香港各區有這麼多熱心人士舉辦和參與盂蘭勝會，是因為盂蘭本身有其文化和魅力，大家深信參與盂蘭勝會是一件功德無量的善舉。農曆七月鬼門大開，孤魂野鬼無人祭祀，盂蘭勝會焚香化寶、誦經施食、祭幽超渡。主辦單位請神出巡、設棚拜祭，祈求風調雨順、合境平安。除此以外，盂蘭勝會照顧老弱貧苦，在社區派發平安米及物資，幫助有需要人士。馬主席深信這種行善積德的善舉，對上天、地府和人間都是一等一的好事，盂蘭勝會不能被看作一種迷信祭祀活動。

競投福品　年年傳承

馬主席的父親每年都會捐錢予盂蘭勝會，由最初每年捐款一至兩千元，其後一年較一年捐得多。他笑言年輕時曾不解為何父親捐錢這麼豪爽，反而對給他的零用錢則十分吝嗇。

每年馬主席的父親都熱心參與黃大仙新蒲崗鳳凰村街坊盂蘭勝會

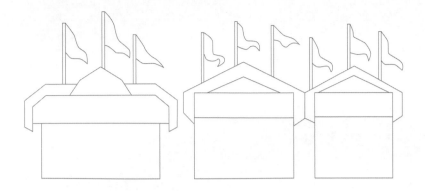

福品競投的環節。父親鍾情於「黃大仙爐」，一開始投得香爐的價錢是大約二至三萬元，後來價錢每年都以倍數上升，最高的一年叫價 30 萬。到了某一年，馬主席父親再次競投「黃大仙爐」，同場有人不斷喊出更高的價錢，競投金額高達 60 多萬。馬主席曾勸阻父親，他指對方明顯有刻意抬價之嫌。果然，當其父停止舉手叫價，對方投得「黃大仙爐」，但對方都沒有付錢，後來該會負責人游說父親重新競投，最終以十多萬元成功投得「黃大仙爐」。

馬主席體會過貧窮之苦，後憑努力拼搏，白手興家，過程中渡過不少的難關，靠的是行善積德、為善最樂的信念，此信念對自己的人生有正面幫助。懂事後，他深信行善無分貧富，捐款無分多少，無論捐款十元，抑或 1,000 元，都是一種功德。現時，馬主席業務繁重，無暇親臨盂蘭勝會競投福品，但是盂蘭會在約定俗成下每年都派人帶同黃大仙爐送贈予他。馬主席位於葵涌的公司更特意設置神位，安放黃大仙香爐。每年盂蘭勝會開始之前，請神隊伍就會大鑼大鼓地來到他的公司，將香爐請到會場的神棚之中，完結後再送回去。

盂蘭申遺　出錢出力

十多年前，馬介璋與香港潮屬社團總會的「骨幹成員」傾談之間，大家一致認為盂蘭勝會甚具特色、深入民心，是香港寶貴的文化遺產。於是他便建議「香港潮人盂蘭勝會」申報為國家級非物質文化遺產，好讓大眾更有機會認識盂蘭文化，使各區的盂蘭勝會取得資源進行保育工作，將盂蘭文化一直傳承下去。

最初，馬主席的提議遇到質疑，認為盂蘭勝會只是拜「好兄弟」的祭祀活動，很難獲得大眾的認同，遑論申請成為國家級非物質文化遺產。經過馬主席的解釋與遊說，大家慢慢轉向支持申遺。至於申遺過程所需的研究經費，馬主席更一力承擔，主動提出不動用總會

儲備，自掏腰包 50 萬。他隨即牽頭展開籌備申遺工作，匯集了各方盂蘭專家、歷史學者和盂蘭勝會的前輩，一起研究和撰寫報告，將盂蘭勝會的歷史、文化、特色、演變和價值等記錄下來。馬主席還憶起有一次在八號風球下，大家仍努力不懈，醉心工作至凌晨 2 時。最後努力得到回報，香港潮人盂蘭勝會於 2011 年成功申報為第三批國家級非物質文化遺產。

保育工作　未敢怠慢

申遺成功後，香港潮屬社團總會隨即成立盂蘭勝會保育工作委員會，着手推動多項推廣工作，目的是保護及推動盂蘭勝會的持續發展。馬主席覺得如果發展得宜，香港潮人盂蘭勝會可以成為香港本土文化的盛事，讓盂蘭勝會像萬聖節一樣，開派對、扮鬼臉。正如日本也有盂蘭盆節，大家會返回家鄉過節、祭祀祖先，也會像農曆過年般贈送禮物予親戚好友，加上祭典中的舞蹈儀式，充滿歡樂的氣氛。

馬主席經常思考，若要香港潮人盂蘭勝會進一步發展，不能只叫人拜祭，一定要加入一些年輕人會感興趣的元素，設計出更有特色的活動，這樣他們就不會覺得盂蘭勝會只是迷信的祭祀活動。自 2015 年起，每年盂蘭勝會保育工作委員會都會舉辦盂蘭文化節，不斷推陳出新，構思新主題、新活動，期望透過不同主題的活動，推廣盂蘭文化，有助大眾更瞭解其背後的文化意義。

未來展望

馬主席相信盂蘭文化節在未來能夠辦得更好，活化為香港年輕人的「中國萬聖節」，若能達成這個目標，盂蘭文化就能代代相傳。現時很多盂蘭勝會面對人手老化的現象，甚少年輕人願意接班，盂蘭文化面對傳承危機，所以必須要引起年輕人的興趣。

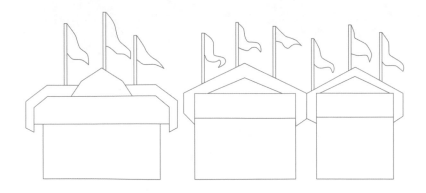

他期望香港潮人盂蘭勝會能夠更上一層樓，籌劃申請列入聯合國教科文組織的《人類非物質文化遺產代表作名錄》，成為繼粵劇之後第二個屬於香港的「世界級非遺項目」。他的長遠目標是成立一個「盂蘭文化基金」，尋找一眾熱心人士贊助，再交由政府負責監管，並每年抽出部份的款項，資助推廣盂蘭文化的經費，吸引更多人願意「接班」。最後，他更希望成立一個獨立運作的「盂蘭文化總會」，加強盂蘭社團之間的凝聚力和發展動力。

第二節　香港盂蘭文化節總統籌——胡炎松先生

從小跟隨父親接觸盂蘭勝會，致力研究和推廣潮汕文化。現任香港潮屬社團總會盂蘭勝會保育工作委員會副主席，擔任盂蘭文化節總統籌、香港潮州商會文化事務委員會主任、長春社文化古蹟資源中心理事會義務秘書、西貢區盂蘭勝會總理。

盂蘭勝會　童趣啟迪

胡炎松的父親在 13 歲時候，與親戚從潮陽徒步來到香港，約 20 歲經同鄉介紹結婚，育有九名兒女。胡先生排行第六，於 1961 年在九龍城寨出世，五歲隨父母和弟妹，遷到西貢鹿尾村生活。西貢村落生活僻靜，娛樂欠奉，每年農曆七月盂蘭勝會便成為童年最興奮的日子。盂蘭勝會有木偶戲、經師唸經、七彩繽紛的戲棚和高掛的神袍，加上有許多小販擺檔售賣棉花糖和汽水等食物。他笑說，那些年盂蘭勝會較農曆新年場面氣氛更為熱鬧。還記得小時候的他會跟其他小朋友一起觀看紙紮大士王的組裝過程，偷偷地穿着

掛起的神袍和神靴，兒時頑皮的事至今仍歷歷在目。

子承父業　傳承推廣

胡先生的父親重視盂蘭信仰，積極參與西貢盂蘭勝會，每年均出錢出力支持。據胡先生憶述，父親於1978年成功投得南辰北斗香爐，價值2,000元。1995年至2003年期間，父親更連續九屆擔任西貢潮僑街坊盂蘭勝會總理。中學時期，胡先生在旺角亞皆老街珠海書院讀書，父親從事建築相關行業，在父親的薰陶下，他選擇就讀土木工程學科。畢業後，曾於結構工程公司工作，而兩年後便回家幫忙打理家族生意。少年時期的胡先生對籌辦盂蘭勝會並無太大的興趣，大抵在盂蘭勝會當日聽從長輩的吩咐，幫忙「拉電線」、掛神袍等簡單工作。

後來，父親身體抱恙，胡先生及兄長便主動承擔責任，開始積極參與西貢盂蘭勝會。2006年，胡先生加入香港潮州商會青年委員會，因自小在潮州人社區中成長，耳濡目染之下熟悉潮汕文化和節慶習俗，每當有委員問及有關問題，他都能一一解答。及後，他加入了香港潮州商會文化事務委員會，參與策劃文化推廣活動，無形中增強了鑽研潮汕文化的決心。胡先生曾舉辦過三日兩夜潮汕文化研習班，當中有實地考察和傳統潮州美食品嚐，更邀得歷史、社會和經濟學者講談，大受委員歡迎。

2011年，香港潮人盂蘭勝會成功申報為國家級非物質文化遺產，社會大眾開始關注盂蘭文化。2012年，胡先生獲長春社文化古蹟資源中心邀請，擔任講座講者，介紹香港潮人盂蘭勝會，席間反應熱烈，令他有點喜出望外。胡先生深感時下很多香港潮州人也不認識這些珍貴的傳統文化和知識，令他更有決心研究盂蘭文化，將個人經驗和搜集得來的資料加以整理，然後向大眾推廣。撰寫《西貢盂蘭勝會六十週年紀念特刊》便是初試啼聲之作，適逢西貢盂蘭勝

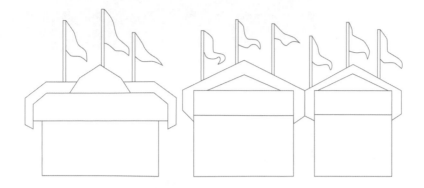

會 60 週年，他專誠走訪各村，親身訪問父老，在坊間搜集資料，最後加以整理出版，大眾反應良好。

胡先生指出盂蘭文化在傳承的過程中記錄的資料很不齊全，尤其是各種盂蘭儀式、流程、神壇擺設方法等在多年後漸有偏差，雖然盂蘭沒有所謂的正宗或標準，但還是希望藉此機會重新整理和記錄盂蘭的源起、儀式流程、特點等資料，讓後人得以參考，並有助推廣潮人盂蘭。

現代管理　創新思維

除了致力於研究潮州文化，胡先生深明若要辦好盂蘭勝會，必須注入新想法，採用現代管理模式，才能活化傳統節慶活動。如 2014 年西貢盂蘭勝會在福品競投環節，便增設了一輛二手車供善信購票抽獎，得獎者可以即場駕車離去，這種新形的籌款方法迎來不少好評。2015 年，西貢盂蘭勝會正式註冊為非牟利慈善機構，受政府的監管，帳目需要開誠佈公，增添了善信對盂蘭會的信心。

改變形象　傳承不懈

為了大眾進一步認識盂蘭文化，消弭市民對盂蘭的誤解，胡先生明白要緊貼潮流，推廣方式不斷要推陳出新。早於 2013 年，他建議香港潮屬社團總會舉辦盂蘭文化活動，成為日後香港盂蘭文化節的雛形。他認為舉辦一個全城矚目的文化活動並不困難，但是持續年復年舉辦同類型的推廣盂蘭活動則有極高的難度。

傳統搶孤活動存在一定的危險性，孤棚由十幾公尺高的竹棚搭建而成，主辦單位拋下以竹籤插着的蕃薯，棚下的善信則各出其謀用孤承搶奪，推撞之間易生意外。於是他幾經努力改良潮汕搶孤的形式，仿效長洲搶包山，最後設計了搶孤競賽——一項讓大眾參與其

中的比賽項目，過程帶有運動競技的特色，再加以獎品鼓勵，定能
吸引大眾熱烈參與，推廣活動自不然持續地舉辦下去。

2015 年，第一屆香港盂蘭文化節順利在觀塘康寧道球場舉行，吸
引傳媒的廣泛報導，社會大眾反應相當良好。這次成功的經驗鼓舞
了胡先生，翌年再接再厲舉辦第二屆，地點移師維多利亞公園，並
連年舉辦。場地大了，單靠一項搶孤競賽便不足以滿足外界的需求，
所以每一年他都扭盡六壬構思新主題、新活動，例如是大士王立體
畫、天地父母許願區、虛擬實景體驗遊戲、3D 自拍區等。他期望透
過不同主題的活動，吸引來自不同階層、年齡人士，認識香港盂蘭
文化。

展望推廣

2020 及 2021 兩年，因着新冠肺炎疫情關係，香港潮屬社團總會
連續兩屆停辦盂蘭文化節。胡先生相信疫情不會影響信眾在盂蘭
節的習俗，只要心中有信仰，盂蘭勝會就不會停辦。反而他擔心疫
情持續使香港經濟蕭條，以往依賴商家贊助的盂蘭勝會很可能在
疫情過後因失去財力資源而難以重新起動，往後漸變凋零。

胡先生期望盂蘭文化節和各區的盂蘭勝會以後能順利舉辦，他認
為盂蘭勝會不必拘泥於以球場為舉辦場地、以神功戲為節目。即使
規模難及昔日盛大，重點是要傳承下去。他亦表示，盂蘭勝會希望
社會接受自身文化同時，亦要接受社會對舉辦盂蘭勝會的目的有所
改變：現時已由「做善事、獲功德」，轉變為傳承和保育盂蘭文化。

最後，他展望香港潮人盂蘭能更上一層樓，目標是申請成為「人類
非物質文化遺產代表作名錄」，並組織一個亞洲盂蘭協會，加強各地
區的盂蘭節交流，連結各地保育經驗，進一步傳承和保育盂蘭文化。

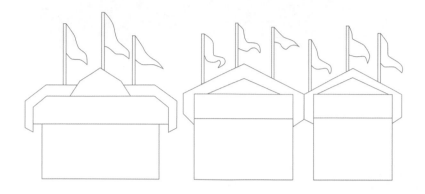

第三節　潮州公和堂盂蘭勝會──
　　　　蔡學勤先生、陳耀華先生

潮州公和堂盂蘭勝會是香港歷史最悠久
的潮人盂蘭勝會，始於 1897 年。2021
年，蔡學勤先生和陳耀華先生分別擔
任潮州公和堂盂蘭勝會的理事長和會
長。

蔡學勤先生

從糖街開始　橫跨六區

蔡理事長和陳會長指出，自十九世紀開
始，很多潮籍人士從潮汕地區移居至
香港，聚居於上環、西環、尖沙咀或
銅鑼灣一帶。當時大部份潮籍人士學
歷不高，只能從事苦力工作，加上他們
大多孤身來港尋找工作機會，萬一出了意
外，客死異鄉，只能依靠同鄉處理身後事。

陳耀華先生

因此，盂蘭勝會的祭幽活動不單是超渡不幸
逝世的潮州鄉里，同時也記載着第一代潮籍移民來港的辛酸及勞
工的血淚史。

潮州公和堂盂蘭勝會是香港歷史最悠久的潮人盂蘭勝會，始於
1897 年。據蔡理事長和陳會長所述，當時渣甸洋行屬下的糖廠，
俗稱渣甸糖房，位於燈籠洲（今銅鑼灣百德新街），而廠中大多職
工為潮籍工人。渣甸大班在巡視廠房時發覺有「黑影」，初時認為
是小偷，而潮籍工人則認為是孤魂作祟，建議舉辦盂蘭勝會超渡亡
魂，以保合境平安。在得到廠方批准下，最終成功舉辦首屆盂蘭勝
會。過後，洋行向華民政務司呈請立案，「潮州公和堂」正式成立。
每年潮州公和堂會延聘經師主持法事，方便銅鑼灣、燈籠洲、灣仔、

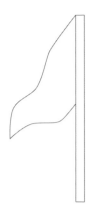

跑鵝（跑馬地鵝頸橋）、大坑及北角六區善信附薦先靈，超渡中外亡魂，普渡眾生，以祈陰安陽泰，物阜民康。

潮州公和堂盂蘭勝會的範圍包括了六區——銅鑼灣、燈籠洲、灣仔、跑鵝（跑馬地鵝頸橋）、大坑和北角街坊。範圍之廣有別於其他潮人盂蘭勝會。為甚麼潮州公和堂盂蘭勝會的善信是來自六區街坊呢？據蔡理事長所述，從前渣甸糖房的潮籍工人散居於港島不同的地區，與其各有各做，何不節省成本，聯合一起在銅鑼灣舉辦盂蘭勝會？在這情況下，來自六區的善信一同齊集於銅鑼灣，參與潮州公和堂盂蘭勝會。

關懷社會之心

現時潮州公和堂盂蘭勝會於農曆七月廿一日至廿三日舉行[304]。在盂蘭勝會首日會舉行請神儀式，由會場出發，乘坐汽車前往不同地區請出代表神明的香火及孤魂。依照次序到銅鑼灣天后古廟、大坑蓮花宮和大坑福德古廟請神，其後到薄扶林墳場附近請孤魂，接着到跑馬地譚公廟請神，最後到掃桿埔請孤魂，請神隊伍更會前往北角讓福建善信上香，其後便折返會場。香火供奉於會場神棚。對比其他的盂蘭勝會，潮州公和堂盂蘭勝會的請神路線橫跨港島不同地區。蔡理事長和陳會長解釋，在 1918 年發生的馬場大火中有多達 600 多人喪命，掃桿埔的馬棚先友墳場安葬着遇難的中外人士。潮州公和堂將掃桿埔列入「請神」路線，希望可以超渡亡魂。另外請神路線還會經過薄扶林臨海處，據說是因為那裏有個稱為「潮州山」的潮州墳場，所以就會專程去請一眾「好兄弟」到會場。

[304]　昔日潮州公和堂盂蘭勝會於農曆七月廿三過後仍繼續上演潮劇數天。

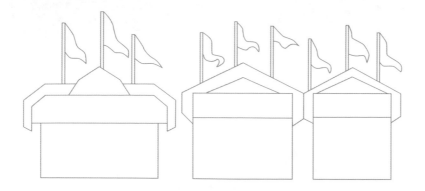

除了請神路線展現了盂蘭勝會對已離世的潮籍人士和大眾關懷外，潮州公和堂也會關心和回應社會大事。例如 2010 年發生馬尼拉人質慘劇，當時潮州公和堂在舉辦盂蘭勝會時，也特意為八名死難者舉行紀念儀式，並設立「附薦」神主牌哀悼。故盂蘭勝會不止會關懷潮籍人士，更會關心香港發生的社會大事，將本港的重大歷史事件以非文字形式記錄下來。

面對困難　仍舊堅持

初時潮州公和堂盂蘭勝會只是在路邊化衣，後來輾轉轉至不同大大小小的場地。1960 年代，盂蘭勝會曾於糖街路邊、天后、大坑坊眾福利會附近空地等地點舉行。1970 年代，盂蘭勝會移至維多利亞公園球場舉辦。盂蘭勝會在 1982 年曾因未能租借場地而停辦了一年，隨後在 1983 年於海底隧道口附近再辦，後來又再移至維園對面的空地，即今中央圖書館停車場，最終因中央圖書館的興建而移至摩頓臺球場舉行至今。

潮人盂蘭勝會多選擇在球場舉行，但是舉辦場地隨着時代發展而經常轉變，潮州公和堂盂蘭勝會更曾經因為未能找到場地而停辦。陳會長表示一些一直沿用的地方需要重新發展，改為興建房屋、大廈、公共設施等，是場地一直轉換的最主要原因。例如現時的中央圖書館以前是一個政府扣留車處，以往潮州公和堂就是租用旁邊的球場舉行盂蘭勝會，後因興建圖書館而要另覓場地；另外灣仔碼頭對面鷹君中心門口巴士站的位置，以往是一片爛地，潮州公和堂也曾於此舉辦過一至兩屆的盂蘭勝會，後來又因興建大廈而需要轉換場地。

後來，中央圖書館建成，潮州公和堂申請在摩頓臺球場位置舉辦盂蘭勝會，政府一開始表示不欲盂蘭勝會所搭的竹棚刮傷球場的新地面而拒絕他們的場地申請。後來潮州公和堂和政府協商後，最終

［香港非物質文化遺產系列：香港潮人盂蘭勝會］

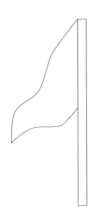

能申請成功。不過，香港發展步伐急速，重建發展此起彼落，場地空間逐年被壓縮，仍是不同盂蘭勝會要面對的其中一個重大難題。

第四節　戲棚搭建技藝師傅——
　　　　　陳煜光先生

出身於搭棚世家，為第四代傳人，有數十年資深的搭建戲棚經驗。石籬石蔭安蔭潮僑盂蘭勝會的竹棚搭建於斜坡之上，正是出自他之手。

承繼家族傳統

陳師傅從父親口中得知，太爺於廣東寶安從事竹棚搭建工作，自己已是第四代傳人。陳師傅於香港出生，早年搭棚公司位於旺角，所以在旺角居住成長。後來搬到古洞生活，雖遠離市區，但反而鄰近公司貨倉。

早於十多年前，父親將「新華興棚廠」公司傳給陳師傅的弟弟，他就選擇自己獨立另開新公司「華寶」，並在上水河上鄉建立貨倉。創業階段相當困難，雖然他繼承了家族傳統，但是新公司在行內的名氣和信譽尚未建立，所以開業初期經營困難。後來憑着陳師傅努力經營生意，慢慢建立口碑，與不同客戶關係愈來愈熟稔、交情深厚，成就了今日在行內的資深地位。

搭建技藝的考驗

在不少人眼中，蒲台島天后誕「崖上戲棚」是一個結構相當複雜的神功戲棚，難度在於它建於懸崖邊凹凸不平的岩石上，可見陳師傅

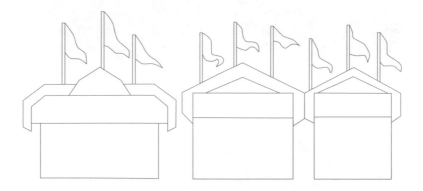

的搭棚技藝何其高超。然而，陳師傅認為石籬石蔭安蔭潮僑盂蘭勝會的盂蘭棚難度更高，其一是場地細小狹窄；第二是地形呈梯形；第三是經師棚必須搭建在一個陡峭的斜坡之上，整體而言非常之考功夫。他的父親從前負責石籬石蔭安蔭潮僑盂蘭勝會搭建戲棚，但是當時原來場地卻被政府收回，只安排在現時較細小的地方舉行，當時他的父親和弟弟看過地方後都表示因斜坡和地勢所限，竹棚不能固定會造成危險，他們不可能在此搭棚。兩、三年後，盂蘭會拜託陳師傅再去研究地勢，他一口答應，因為他過往處理過不少與斜坡相關的工程，了解這方面的結構和技術，有充足的信心和技術可以完成。最後陳師傅成功搭建此盂蘭棚，他自言這種成功感無以言表，是他的得意、自豪之作。

另外，西區石塘咀街坊盂蘭勝會的神功戲棚也是另一個挑戰，戲棚需要搭建在山道的天橋底，地形方面同是斜路，並且「三尖八角」，戲棚要在外形上搭建得美觀相當困難，故花了不少心思。

天幕與竹棚

每年農曆七月是棚廠最忙碌的時候。以往農曆六月中旬開始至到七月底這一個半月內，全港的棚廠普遍要完成 40 多個戲棚，高峰時更可多達 80 多個。而陳師傅自己的公司最多曾肩負起 12 個戲棚，由於時間緊迫，負責搭建的師傅全都工作得很趕、很辛苦。雖然師傅在盂蘭期間所賺取的薪水比平日高一倍，但是由於人手實在過於緊絀而很難如期完成，所以他後來唯有減少搭建盂蘭神功戲棚的數量。

陳師傅回憶指天幕設計大約出現於 20 多年前，當年天幕公司遊走於不同盂蘭勝會現場向理事們推銷。天幕的優點是搭建的價錢較竹棚低，時間也較短，但是由於搭建天幕的成本較高，所以簽約時綁定最少要連續使用四年。另外天幕亦不像竹棚會有刮花球場地

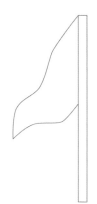

板的問題，可免卻有機會需要賠償的問題。陳師傅印象中是旺角的孟蘭勝會最先採用天幕設計，及後粉嶺、元朗等各區也紛紛改用天幕取代竹棚。不過，慶幸的是陳師傅手上負責的孟蘭神功戲棚則完全沒有受到影響，都是維持使用竹棚的傳統。

陳師傅透露其實近十多年來天幕的搭建費用不如往日般便宜，甚至比起竹棚更貴，所以也有一些孟蘭會希望改回使用竹棚，但是已很難做到，原因是戲棚師傅人數愈來愈少，人手方面難以再安排得到；加上現時的師傅不像以往般願意連續工作太多天，變相難以趕起過多戲棚。

行業神誕慶祝

搭棚業的行業神是魯班，誕期為農曆六月十三日，行內稱此誕期為「師傅誕」。從前，神誕當天，搭棚工人會放假一天，並前往魯班廟賀誕。陳師傅表示，搭棚業還有一個行業神，就是有巢氏，不過行內人已經很少參拜。自他的父親開始只在魯班誕當天跟一班同事吃飯，慶祝魯班誕，隨時代演進，拜神儀式一切從簡。有趣的是，每年師傅誕正好是石籬石蔭安蔭潮僑孟蘭勝會搭棚第一天，當日下班後就會和同事一起吃晚飯，順道慶祝師傅誕。

新冠肺炎疫情影響深遠

疫情肆虐，神誕活動紛紛停辦，對陳師傅的生意有莫大影響，幾乎所有神功戲戲棚的工作全部取消。疫情下搭棚工人開工嚴重不足，收入大減，部份工人為謀求出路，被迫轉行，或轉而搭建築棚。由於疫情下搭神功戲棚工作安排較建築棚不穩定，疫情過後即使一切如常，各地區恢復節慶活動，但已有不少搭棚師傅轉行，重返崗位看來機會甚微，相信對這行業帶來極大的傳承挑戰。

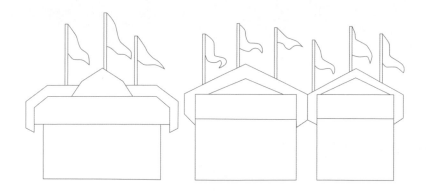

兒子承繼衣缽

陳師傅膝下有四子，其中兩個兒子願意追隨着他的腳步，投身搭建戲棚之路，成為他的接班人。長子原是會計師，不懂得搭棚，主力負責公司的行政工作。幼子自 15 歲投身搭棚行業，現已是獨當一面的搭棚師傅，負責帶領搭棚師傅工作。陳師傅強調搭建戲棚並非夕陽行業，除了農曆七月搭建盂蘭棚外，每年香港各區都有神誕和醮會，規模較大的自不然會做神功戲，搭建傳統竹棚的前景應該不俗。加上戲棚搭建技藝已成為香港非物質文化遺產代表作，香港有不少熱心人士有意保育戲棚文化，近年舉辦了很多相關文化推廣活動，相信這傳統技藝不會輕易失傳。陳師傅期望有一天他退休後，兩個兒子可以承繼衣缽，兩人互補不足，合力將戲棚製作技藝繼續傳承下去。

第五節　潮州佛事：玉霞閣——
　　　　林守培先生

玉霞閣位於新界荃灣二陂圳象鼻山路口，由潮州人陳喜泰先生創立，林守培師傅擔任第二代主持，閣內供奉李道明祖師、瑤池金母和呂祖先師等。

始於何文田　扎根荃灣

陳喜泰原是潮州「鐵玉寺」的乩手[305]。1949 年前，陳喜泰在何文田木屋區設壇，為街坊行醫施藥，扶乩解難。隨着社區發展，陳氏輾轉搬遷至荃灣馬陝排，創立玉霞閣，並回鄉迎請鐵玉寺李道明祖師於閣內供奉。據林守培所言，創辦人陳喜泰對建造園林山景甚為愛好，所以玉霞閣修建了不少亭臺、洞穴和假山等，其中更參考了

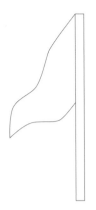

《西遊記》小說，模擬「花果山」的景色佈局，逐漸成為了旅遊景點，荃灣老一輩街坊對玉霞閣一定充滿回憶。

1970 年代荃灣發展迅速，政府收回玉霞閣一帶土地，興建公共屋邨。當時政府原計劃賠錢了事，陳喜泰反建議以地換地方式，期望政府撥出另一幅官地，以每年一元的象徵式租金租用土地，重建費用則自行籌募。經過多番努力爭取，時任新界荃灣政務官許舒先生尤為出力，終於順利覓地重建。林主持憶述新落成的玉霞閣工程浩大，依山而建，主殿樓高兩層，堂皇華麗，歷時數載，玉霞閣始能落成開光。

承接各區盂蘭勝會

玉霞閣佛道雙修，閣內奉李道明仙師為主神，還供奉觀音大士、瑤池金母和濟公活佛等。陳喜泰是乩手出身，不擅長誦經拜懺，玉霞閣創辦初期沒有承辦盂蘭勝會。直到 1968 年，玉霞閣禮請「香花派」大師林錦源開班教經，培養出一班經師新力軍，方能陸續承接各區盂蘭勝會。全盛時期，玉霞閣最高記錄需要在農曆七月把經師分為兩班，承接盂蘭勝會，參與日數高達 58 天。[306]

當時玉霞閣為了應付經師人手不足，特意禮聘泰國曼谷普門報恩寺，分兩批 19 名泰國高僧前來襄助，可算是香港盂蘭勝會的歷史創舉。這批泰國高僧是普淨大師的徒弟，而普淨大師是泰國華僧的

[305]　扶乩是一種通達神明的方法，是靈媒的一種，由鬼神附身到人的身上，以作預言。

[306]　據周樹佳研究，全盛時期，玉霞閣承接七月初二至初三竹園區、初四至初六慈雲山、初七至初九老虎岩（樂富）、初十至初十一咸田（藍田）、十三至十四油塘灣、十四至十五石硤尾林族、十六至十九九龍城、廿一至廿三牛頭角福德壇、廿四至廿五油麻地、廿四至廿六新界石梨貝、廿六至廿七新界新田鄉、廿八香港仔黃竹坑和廿九至三十香港石排灣。詳見周樹佳：《鬼月鈎沉──中元、盂蘭、餓鬼節》（香港：中華書局，2015 年），頁 84-86。

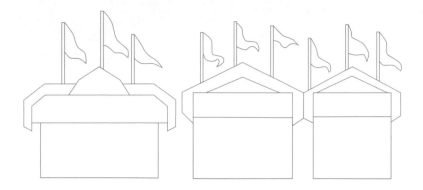

精神領袖,擁有很高法力。原來陳喜泰曾在泰國辦過一間廟宇,與
普淨大師甚為熟絡,因緣際會下方請出其徒弟來港,協助主持盂蘭
勝會。林主持指出,泰國高僧在盂蘭勝會所做的儀式與潮州佛事大
致相同。如第三天下午做「放焰口」,泰國高僧一般為時不少於四
小時,儀式時間較長,反而潮州經師通常在三小時內完成。

承傳與傳承

1942 年林守培在香港出生,七歲回家鄉潮陽讀「卜卜齋」,直至 17
歲重回香港,初時從事送貨工作。林主持回憶,他與陳喜泰的女兒
結婚,25 歲開始在玉霞閣工作,初期負責記錄岳父陳喜泰的乩文。
林主持自稱師承林錦源和潘聖道兩位大師。若論「唱誦」和「過橋」
的功夫,林錦源確實是無出其右。1968 年,林錦源在玉霞閣開班
授徒,林主持亦拜師學習誦經拜懺,接着林錦源擔任上師,主理玉
霞閣承接的盂蘭勝會,他則學以致用擔任經師。後來,林錦源在慈
善閣開班授徒,玉霞閣隨即面對上師不足,在這情況下,促使林主
持拜師潘聖道。潘聖道是殿堂級的上師,創辦了觀苑修園,經常與
本地高僧交流佛法,集「香花」和「外江」於一身。

林主持約 32 歲時在玉霞閣擔任上師。年約 35 歲時,林主持跟隨
潘聖道和楊寬偉一起「坐三寶」,主持大型祭幽活動。林主持經歷
過玉霞閣最輝煌的時期,在岳父過身後,他就接手打理,成為玉霞
閣的第二代負責人。林主持對不同宗派的佛教儀式都有研究,無論
是北方或南方的都有所涉獵,他喜歡研究佛學,不只是為了工作,
而是有一顆求知識的心。他更樂於傳授自己的畢生所學,懷着佛法
傳承的目的,所以他教經全是不收分文。林主持表示希望潮州佛事
一直傳承下去,很樂意像以往的前輩一樣教導別人,絕不藏私,方
不會成為絕響。他自豪地說,收過不少弟子,桃李滿門,現時全港
潮州佛社的上師基本是他的徒弟。

林主持年過 80,早已推掉了各區的盂蘭勝會邀請,現時只承辦深
井潮僑街坊盂蘭勝會。

第六節　潮劇神功戲：新天彩潮劇團——黃素玉女士

自小在黃大仙成長，黃素玉女士曾加入「昇藝潮劇團」，從小接觸潮劇神功戲，結婚後搬到鄰近九龍城亞皆老街，一直居住至今。退休後，她與丈夫積極籌辦盂蘭勝會和天后誕賀誕活動。現為「新天彩潮劇團」戲班班主。

因緣際會　加入劇團

黃班主在香港出生，家中的長輩經常用潮州話溝通，讓她講得一口流利潮州話。自小在黃大仙長大，經常跑到九龍城盂蘭勝會觀賞神功戲。1967 年，黃班主的大伯父創辦昇藝潮劇團，初期人數不足，遂邀請當時年僅 14 歲的黃班主加入劇團。當時，黃班主在劇團內年紀最輕，主要扮演「梅香」等角色。當時的香港潮劇人材輩出，劇團聘請了兩位師傅，分別教授基本功和唱唸曲，還有導演負責排戲。

黃班主邊學邊做三、四個月，便膽粗粗跟着劇團赴泰國出埠登臺。她還記得每晚演出均座無虛席，本來只預期逗留三個月，結果反應熱烈，延至半年。她形容出埠登臺的生活很開心和精彩，觀眾對潮劇演員很好，主動請她們吃東西，帶她們到處遊玩。出埠登臺時一日有兩場演出，時間頗長，休息時間還要排戲、學戲，但這些都是寶貴的登臺和實戰經驗，讓一眾演員能在短時間內極速進步。出埠登臺除了「包食包住」，對於十幾歲的黃班主來說，卻是難能可貴的出國機會，年紀輕輕已多次在泰國和新加坡登臺演出。

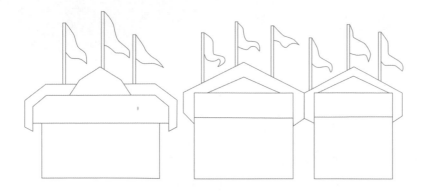

演出繁多　光輝歲月

黃班主加入潮劇團，恰逢香港潮劇最興盛之際，讓她有頗多演出機會，包括農曆七月盂蘭神功戲，年尾港九新界多區的還神儀式（南丫島、赤柱、長洲、石澳、西貢、蠔涌、古洞、坪輋、白沙灣、沙田等）、潮劇電影拍攝，以及出埠演出等。整體而言，黃班主表示，行外人以為潮劇演員在農曆七月盂蘭神功戲表演的收入十分可觀，但其實除了資深和有名的主角外，其餘的演員都收入微薄，在演出「淡季」時候還要到工廠工作，維持生計，她自己則回到家中幫忙經營時裝生意。黃班主對潮劇充滿熱忱，故不太計較收入，甚至不顧父母反對，只想追隨興趣。

本地潮劇日漸式微

1990 年代初，香港潮劇已告式微，資深老演員離世、退休等原因，導致本地戲班人手不足，開始聘請內地潮劇演員與本地班合演。1990 年代末開始，香港潮劇演員為生計紛紛轉行，本地潮劇團難以「埋班」，改為直接聘請內地潮劇團來港表演。黃班主慨嘆，若香港有足夠潮劇演員，也會優先聘用，惟香港潮劇的傳承難度很高。首先，年輕一輩的香港潮州人莫說有興趣看潮劇，可能連聽得懂潮州話的也愈來愈少；其二，本地演出機會很少，演員難獲演出經驗；其三，收入微薄、不穩定，鮮有人願意入行。

以心為心經營劇團

1980 年黃班主與柯木森先生結婚，離開了劇團，專心相夫教子，協助丈夫經營餐廳。同年柯先生接手經營新天彩潮劇團，兩年後轉讓給友人，但該朋友感到難以經營，輾轉之間他又再次接手，並與另一朋友共同打理。當時黃班主忙於照顧子女，沒有時間協助丈夫打理劇團。直至 2009 年這一位朋友過世後，夫妻二人在

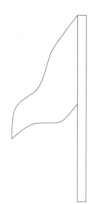

退休後享有充裕時間，黃班主幫手打理新天彩潮劇團。黃班主回憶，柯先生接手時候，香港潮劇團的生存空間已經非常窄。每年盈利少，「平手」已算萬幸，幸好她早已調整心態，本着「做善事、積功德」的心態營運。相較經營困難，她眼看年老一輩潮劇迷買少見少，更感到心傷。新冠肺炎前，新天彩潮劇團負責八個盂蘭會神功戲，分別是東頭村、慈雲山、大窩口、黃大仙、紅磡、九龍城、柴灣和長沙灣。

黃班主凡事親力親為，盡心盡力，細心安排鄰近地區的盂蘭勝會上演不同劇目，讓一些跨區觀賞神功戲的觀眾有新鮮感。此外，她悉心煦顧內地劇團演員，安排合適的地方作短暫居住。她時常用「以心為心」的宗旨掛在口邊，全心全意對待別人，才能聘請同一隊戲班差不多十年，並一直維持良好的關係。

新冠肺炎疫情下的潮劇團

2019 和 2020 年，新天彩潮劇團連續兩年沒有公開演出，這意味着戲班很久沒有收入。黃班主坦然，香港潮劇團經營困難，現時只剩下五個潮劇團和少量業餘演員。另一方面，她明白盂蘭會籌募經費日漸困難，只好選擇削減神功戲和經師的開支。事實上，近年聘請內地戲班同樣愈見困難，本港潮劇團收入不穩，工作更要離鄉別井，所以不少演員寧願在內地演出或轉換工作，也不願意來港演出，相信疫情以後本地潮劇戲班更難「埋班」。黃班主心存信心，堅持經營潮劇團，在逆境中掙扎求存，只為讓潮劇傳承下去，使其不至於在香港消失。

參考文獻及書目

古籍：

(宋)釋志磐：《佛祖統紀》卷 37。

(唐)釋道世：《法苑珠林》卷 32。

(清)章壽彭撰：《歸善縣志》(乾隆)，卷 15，〈風俗〉。

(清)舒懋官(修)，王崇熙(纂)：《新安縣志》(嘉慶)，卷 2，〈輿地略〉，「風俗」條。

(清)潘榮陛：《帝京歲時紀勝》(中國：北京出版社，2001 年，第二版)。

書目：

Arthur P. Wolf, "Gods, Ghosts and Ancestors," in Arthur P. Wolf ed., Religion and Ritual in Chinese Society (Stanford: Stanford University Press, 1974).

《中國地方志集成：廣東府縣志輯》(中國：上海書店，2003 年)。

中華書局編輯部：《潮劇完全觀賞手冊》(香港：中華書局，2020 年)。

田仲一成：〈二十世紀香港潮幫祭祀活動回顧—遺存的潮州文化〉，載《饒宗頤國學院院刊》，創刊號(2014 年)。

屈大均：《廣東新語》，(香港：中華書局，1985)。

吳淑芬編：《香港盂蘭文化節 2018 場刊》(香港：香港潮屬社團總會，2018 年)。

沈思編、黃佩佳著：《香港本地風光‧附新界百詠》(香港：商務印書館，2017 年 7 月)。

沙田潮僑福利會主編：《沙田潮僑盂蘭勝會第二十三屆盂蘭勝會紀念特刊》(香港：沙田潮僑福利會，1984 年)。

周佳榮：《香港潮屬社團總會發展史》（香港：中華書局，2020 年）。

周康燮：《廣東風俗綴錄》（香港：崇文書店印行，1972 年）。

周樹佳：《鬼月鈎沉：中元、盂蘭、餓鬼節》（香港：中華書局，2015 年）。

林國輝：〈從歷史資料重構 1868 年香港四環盂蘭勝會〉，《田野與文獻：
　　華南研究資料中心通訊》第 95 期（香港：香港科技大學華南研究中心，
　　2019 年）

竺法護：〈佛說盂蘭盆經〉，《大正新修大藏經》。

胡炎松：《西貢區盂蘭勝會六十周年紀念特刊》（香港：西貢區盂蘭勝會
　　有限公司，2014 年 7 月）。

胡炎松：《盂蘭的故事》（香港：三聯書店，2019 年）。

胡炎松：《破解盂蘭迷思》（香港：香港樹仁大學，2015 年）。

香港中文大學戲曲資料中心：《香港戲曲通訊》第 33 期，2011 年 10 月
　　31 日。

香港保良局歷史博物館：1928 年《保良局徵信錄》。

徐振邦：《七月講鬼》（香港：次文化堂，2014 年）。

徐燕琳：《廣東傳統非物質文化遺產》（中國：中國廣州暨南大學，
　　2012 年 8 月第一版）。

曹本治：《香港的木偶皮影戲及其源流》（香港：香港市政局出版，1987 年）。

陳子安：《漁村變奏：廟宇、節日與筲箕灣地區歷史 1872-2016》（香港：
　　中華書局，2018 年）。

陳天國：〈潮州禪和板的整理及其記譜中的一些問題〉《星海音樂樂院學
　　報》，1994 年第 1 期、2 期。

陳守仁：《香港神功戲：揭開神功戲面紗》（香港：三聯書店，2012 年）。

陳守仁：《神功戲在香港：粵劇、潮劇、福佬劇》（香港：三聯書店，
　　1996 年）。

陳蒨：《潮籍盂蘭勝會：非物質文化遺產、集體回憶與身份認同》（香港：中華書局，2015 年）。

港九新界潮僑盂蘭勝總會編輯部：《長沙灣潮州工商盂蘭聯誼會歲月留情說今追古》，（香港：港九新界潮僑盂蘭勝總會編輯部，2022 年）。

黃競聰，《拾遺城西：西營盤民間文獻與文物選錄》（香港：長春社文化古蹟資源中心，2015 年）。

黃競聰、蘇敏怡編著，《香港非遺便覽與實踐》（香港：長春社文化古蹟資源中心，2017 年）。

黃競聰：〈社區發展與文化承傳 – 香港盂蘭勝會之興衰〉，載《第一屆中華文化人文發展國際學術研討會論文集》（香港：香港珠海學院中國文學及歷史研究所，2018 年）。

黃競聰：〈窩拿與深井潮僑街坊盂蘭勝會〉，蕭國健、游子安主編：《鑪峰古今：香港歷史文化論文集 2014》。

黃競聰：《風俗通通識》（香港：長春社文化古蹟資源中心，2012 年）。

楊子儀：《潮式餅糖糕飽》（香港：貴嶼和記隆出版社，2011 年）。

楊子儀、林錦源〰〈香港潮人盂蘭勝會的食品和祭品──以貴嶼和記隆餅家為例〉，載張展鴻、鄒興華合編：《「傳統飲食與非物質文化遺產保護」研討會論文集》，2012。

楊文信、黃毓棟等編：《香江舊聞：十九世紀香港人的生活點滴》（香港：中華書局，2014 年）。

潮州公和堂盂蘭勝會主編：《香港潮人盂蘭的今昔》，缺出版年份。

蔡志祥、韋錦新、潘淑華（編）：《「迷信話語」報章與清末民初的移風變俗》（香港：香港科技大學華南研究中心，2013 年）。

鄧家宙：〈說佛教盂蘭法會儀式〉，《風俗演義》（香港：長春社文化古蹟資源中心，2012 年）。

鄭羣輝：《潮汕佛教研究》（中國：暨南大學出版社，2015 年）。

鄭寶鴻：《香港華洋行業百年－貿易與金融篇》（香港：商務印書館，
　　2016 年）。

蕭登福：《道教與佛教》（臺灣：東大圖書館有限公司，2009 年 9 月），
　　頁 284-313。

釋慧原、陳天國、蘇妙箏編著：《潮州禪和板佛樂》（中國：廣東人民出版
　　社，1995 年 12 月第一版）。

鳴謝

（排名按繁體字筆劃）

個人

方壯遂先生	張熙明先生	劉健海先生
田仲一成先生	梁進希先生	劉國偉先生
朱詠筠小姐	許貞賢先生	蔡忠明先生
吳明生先生	許瑞良閣長	蔡強安先生
吳淑芬女士	許鑑先生	蔡發展先生
周樹佳先生	陳子安先生	蔡榮基先生
周鴻展先生	陳育為女士	蔡學勤先生
林永強先生	陳欽池先生	蔡耀達先生
林守培先生	陳煜光先生	鄧家宙博士
林梅女士	陳運然先生	鄭仁創先生
姚子強先生	陳耀華先生	鄭文光先生
姚佑雄先生	陳覺聰先生	鄭文光先生
姚志明先生	游子安教授	鄭宗武先生
姚松先生	馮志成先生	鄭則明先生
姚直發先生	黃素玉女士	鄭相德先生
胡炎松先生	黃偉倫先生	鄭翔奮先生
胡長和先生	黃祥漢先生	鄭碧木先生
徐嘉興先生	黃勤細先生	蕭國健教授
翁振華先生	楊子儀博士	羅碧華女士
馬介璋博士，SBS BBS	楊形忠先生	譚迪遜先生
馬淑陶女士	楊秀玲女士	嚴順利先生
張玉鳳女士	廖志協先生	
張浩林先生	劉子文先生	

組織／機構

九龍公共小型巴士潮僑籍工商聯誼會

九龍城潮僑盂蘭會有限公司

土瓜灣潮僑工商盂蘭聯誼會有限公司

中區卅間街坊盂蘭會

牛頭角工商聯誼會聖人公媽廟有限公司

玉梨春劇團

玉霞閣

石排灣邨盂蘭勝會

石籬福德善社有限公司

尖沙咀官涌盂蘭勝會有限公司

西貢區盂蘭勝會有限公司

西環盂蘭勝會

佛教三角碼頭盂蘭勝會

沙田潮僑街坊盂蘭勝會

秀茂坪潮僑街坊盂蘭勝會

坪石邨街坊盂蘭勝會

官塘潮僑工商界暨盂蘭勝會有限公司

旺角潮僑盂蘭勝會有限公司

東頭村盂蘭勝會有限公司

油麻地旺角區四方街潮僑盂蘭會

盂蘭勝會保育工作委員會

非物質文化遺產資助辦事處

保良局歷史博物館

香港仔田灣邨華富邨華貴邨潮僑坊眾盂蘭勝會有限公司

香港仔黃竹坑鴨脷洲華富邨盂蘭勝會

香港西區石塘咀潮僑盂蘭勝會

香港德教紫靖閣

香港潮屬社團總會

粉嶺潮僑盂蘭勝會有限公司

彩雲邨潮僑天德伯公盂蘭勝會

深井潮僑街坊盂蘭勝會有限公司

深水埗石硤尾白田邨潮僑盂蘭會有限公司

普慶念佛社

順天邨盂蘭勝會

黃大仙新蒲崗鳳凰村盂蘭勝會有限公司

慈雲山潮僑盂蘭會

慈德社有限公司天后古廟

新天彩潮劇團

新天藝潮劇團

翠屏潮僑街坊盂蘭勝會

德教保慶愛壇有限公司

潮州公和堂聯誼會有限公司

潮州南安堂福利協進會

錦田八鄉大江埔潮僑盂蘭會有限公司

藍田街坊潮僑盂蘭勝會

香港非物質文化遺產系列

香港潮人
盂蘭勝會

長春社文化古蹟資源中心　編製

工作團隊

研究及主筆　　　　黃競聰

研究及撰文助理　　許美娥

編輯及校對　　　　鄒頌華

設計及排版　　　　田雀工房

出版

長春社文化古蹟資源中心

發行

蜂鳥出版

泛華發行代理有限公司

印刷

森盈達印刷製作

版次

2023 年 1 月初版

香港印製

規格

大 16 開（287mm x178mm）

ISBN

978-988-76388-2-7